ROWOHLT
BERLIN

Carola Stern

MÄNNER LIEBEN ANDERS

Helene Weigel
und Bertolt Brecht

Rowohlt · Berlin

1. Auflage März 2000
Copyright © 2000 by
Rowohlt · Berlin Verlag GmbH, Berlin
Alle Rechte vorbehalten
Umschlaggestaltung Walter Hellmann
Satz aus der Garamond PostScript PageOne
Gesamtherstellung Clausen & Bosse, Leck
Printed in Germany
ISBN 3 87134 411 7

Die Schreibweise entspricht den Regeln
der neuen Rechtschreibung.

Ach, nur der flüchtige Blick
Sah sie genau
Warum nur durch solchen Trick
Mann meiner Frau

Nur im Vorübergehen
Hatt ich ihn ganz
War doch fast unbesehn
Frau meines Manns

Haben die Zeit vertan
Bis uns die Zeit getrennt
Und, schon den Mantel an
Uns dann umarmt am End

Bertolt Brecht für Helene Weigel

INHALT

I. «... UND DANN LERNTE ICH BRECHT KENNEN»
Berlin, August 1923   9

II. «DAS LOB DER DRITTEN SACHE»
Die Entdeckung des Marxismus   28

III. «UNTERM DÄNISCHEN STROHDACH»
Flucht aus Deutschland   58

IV. «ÖFTER ALS DIE SCHUHE DIE LÄNDER WECHSELND»
Das Exil   96

V. «ICH KÖNNTE EINIGE TRAUERSPIELE AUS MEINEM LEBEN MACHEN»
Emigranten am Pazifik   111

VI. «SEI FREUNDLICH, ICH MAG DICH»
Die Rückkehr   139

VII. «MAN MUSS SICH ENGAGIEREN»
Entscheidung für das «andere Deutschland»   150

VIII. «AUFGEFRESSEN WURDE ICH VON
DEN WANZEN»
Im real existierenden Sozialismus   169

IX. «MACH DAS ENSEMBLE WEITER ...»
Die Witwe Weigel   196

Literatur   211
Zeittafel   214
Dank   218
Personenregister   219
Bildnachweis   223

I. «. . . UND DANN LERNTE ICH BRECHT KENNEN»

Berlin, August 1923

Bert Brecht ist wieder einmal von Augsburg nach Berlin gekommen, um mit Theatern und Verlegern zu verhandeln. Eines Abends besucht er Arnolt Bronnen, auch ein junger Dichter und vor kurzem mit seinem Schauspiel «Vatermord» skandalös berühmt geworden. Man nennt die zwei Freunde spöttisch die avantgardistische «Firma Brecht und Bronnen»; angeblich loben die beiden einander unermüdlich und treten der Konkurrenz kräftig auf die Füße. Neider witzeln: «Der Krug geht so lange zum Bronnen, bis er brecht.»

Wie so manch andere in der Boheme der zwanziger Jahre ist auch Bronnen nicht unempfänglich für den erotischen Reiz des eigenen Geschlechts. Den jungen Brecht himmelt er überschwänglich an. «Wie ein Sonnenauge, man vergaß die Nacht», wird noch der Altgewordene schwärmen.

Doch der Angebetete geht gleichmütig über die Gefühle seines Gastgebers hinweg. Niemand weiß, warum; seine Freundschaft ist offenbar erkaltet, Bronnen ist für ihn nur noch einer unter vielen, beliebig austauschbar. Als wäre nie etwas gewesen, möchte Brecht heute Abend über die Probleme des Theaters sprechen. «Eine Schauspielerin müsste man haben», meint er, ein Medium eben, das die Ideen der Dramatiker bühnenwirksam verwandeln könnte und den Funken aufs Publikum überspringen lässt.

Jetzt reicht es Bronnen. Er überlegt, wie er Brecht so schnell wie möglich loswerden kann. Eine Schauspielerin? Die kann er haben! Arnolt zeigt auf ein Atelierfenster nahebei und erzählt von einer ihm bekannten Wienerin, die kürzlich ans Preußische Staatstheater gekommen ist und eben dort, hinter diesen Fenstern in der Spichernstraße, wohnt. Sie heißt Helene Weigel. «Ich ruf sie an, dass du rüberkommst», sagt Bronnen und geht hinaus ans Telefon. Als er zurückkommt, ist Brecht schon nicht mehr da.

Die Weigel kennt er. Man war sich im vergangenen Winter in Berlin, bei der Premiere von Brechts «Trommeln in der Nacht», begegnet, jener Komödie, für die Brecht 1922 der Kleistpreis zugesprochen worden war und über die der Kritiker Herbert Jhering nach der Münchner Uraufführung schrieb: «Der vierundzwanzigjährige Bert Brecht hat über Nacht das dichterische Antlitz Deutschlands verändert.» Jetzt steigt der kleine Mann die vier Etagen zu ihrer Atelierwohnung in Wilmersdorf hinauf, überwindet eine schmale Stiege, tappt durch einen großen dunklen Raum, steht vor ihrer Tür. Freut sie sich über den unerwarteten Besuch? Fühlt sie sich belästigt oder eher geschmeichelt? Was weiß sie von Brecht?

Jedenfalls: Das ist einer, über den man im Theater redet. Traditionalisten lehnen den jungen Dichter ab. Aber Kritiker mit Sinn für Experimente, für neue Inhalte und Formen, überschütten ihn mit Lob. Umstritten ist er nicht nur als Dramatiker, sondern auch als Regisseur. Angeblich kommt er ins Theater, um sich in die Proben einzumischen, sät Unzufriedenheit, untergräbt Geltendes und wiegelt Schauspieler gegen allseits anerkannte Größen auf. Mit so einem den Abend zu verbringen lohnt sich sicherlich.

Nur Arnolt Bronnen hat von diesem Abend im August berichtet, weder Brecht noch Weigel. Sie haben über ihre Gefühle füreinander nie öffentlich gesprochen. Leidenschaftliche Liebesbriefe gibt es nicht, oder sie sind nicht erhalten, was eher unwahrscheinlich ist. Von Helene Weigel ist kein einziger ausführlicher Brief an ihren Mann bekannt, in dem sie ihre Gefühle für ihn offenbart. Hat sie einen solchen Brief bewusst vernichtet, wenn er je geschrieben wurde? Oder liegt es daran, dass sie zeitlebens Schwierigkeiten hatte, sich schriftlich auszudrücken? «Schreiben kann ich überhaupt nicht ... aber das hat sich sehr bewährt», äußert sie am Lebensende. Wir sind angewiesen auf die Tatsachen des realen Lebens, wenn wir uns die beiden als Paar vorstellen, auf Erinnerungen Nahestehender, auf Einfühlungsvermögen und, wenn es sie denn gibt, gewissenhafte Phantasie.

Noch im selben Jahr, im Dezember 1923, lädt Brecht die Weigel nach Paris ein. 1924 wird ihr gemeinsamer Sohn geboren. Was faszinierte Helene an dem Bert und Bert an der Helene?

Sein Äußeres nimmt wenig für ihn ein. Der schmächtige, ja geradezu dürre Mann mit den abfallenden Schultern, dem langen schmalen Schädel, einem blassgelblichen Gesicht und in die Stirn hineinwachsenden struppigen schwarzen Haaren wirkt auf Freunde und Bekannte wie ein «gewiefter Jesuitenzögling». Aber hat er nicht auch Züge «eines Schwarzwälder Landstreichers und eines Lastwagenchauffeurs»? Andere wiederum nennen den Burschen eine Mischung aus Ignatius von Loyola und einem nach Bayern verschlagenen römischen Konsul. Aber keiner ist je so ungepflegt, ja geradezu verwildert herumgelaufen wie dieser junge Dichter. Die Lederjacke abgeschabt, das Hemd meist angeschmuddelt, dazu ausgebeulte Hosen. Also eher eine Mischung aus Mönch und Galgenvogel, wie später Ernst Josef Aufricht, der Intendant des Schiffbauerdamm-Theaters, meint? Auf den tief liegenden, schwarzen Augen sitzt eine schäbige Nickelbrille, wie von der Ortskrankenkasse verschrieben, und in der Hand hält er eine billige Schirmmütze: ein Proletarier auf dem Weg in die Fabrik.

Aber weder Geistliche noch Galgenvögel verbreiten allein schon berufshalber einen derart penetranten Körpergeruch. Herr Brecht wäscht sich nicht regelmäßig, dafür schmaucht er ununterbrochen hundsordinäre Zigarren.

Doch Liebe macht nicht nur blind, sie betäubt auch das Geruchsorgan. Wie der andere wirklich riecht, wird erst offenbar, wenn die Liebe sich verflüchtigt hat. Und auf männliche Schönheit kommt es der Atelierbewohnerin nicht an. Auf einen Beau ist diese Frau nicht aus. Gepflegte Gecken gab es in ihrer Geburtsstadt Wien genug.

Brecht sitzt der Schauspielerin in dem geräumigen Atelierraum gegenüber und fragt neugierig nach ihrem Werdegang, nach Bühnenerfahrungen in Frankfurt am Main und in Berlin, will ihre Meinung über Dramatiker und Dramaturgen, Regisseure und Requisiten hören und wirkt doch gleichzeitig wie einer, der alles weiß, zumindest mehr als andere begriffen hat. Aus dem werd einer schlau! Gerade diese Uneindeutigkeit ist spannend.

Der abendliche Gast ist ausgesprochen höflich, zuweilen wirkt er unbeholfen, schüchtern und verlegen. Täuscht der Eindruck? Nein, so ist er. Sanft, bisweilen scheu, bringt er seine Überlegungen vor, macht Einwände geltend. Er wirkt ungewöhnlich bescheiden und zugleich sehr selbstbewusst. Der Fünfundzwanzigjährige gibt sich überzeugt, dass ihm mit seinem genialen wüsten «Baal», der nach dem Premierenskandal in Leipzig auf Intervention des Oberbürgermeisters abgesetzt werden musste, mit «Im Dickicht der Städte» und «Trommeln in der Nacht» ein ähnlicher Rang wie Gerhart Hauptmann zukomme. Er besitzt etwas so Seltenes wie bescheidene Souveränität, «ein wunderliches Gemisch von Zartheit und Rücksichtslosigkeit. Von Plumpheit und Eleganz, von Verbohrtheit und Logik, von wüstem Geschrei und empfindlicher Musikalität. Er wirkt auf viele abstoßend; aber wer einmal seinen Ton begriffen

hat, kommt schwer los von ihm. Er ist widerwärtig und reizvoll», so Lion Feuchtwanger über seinen Freund.

In seinem schwäbischen Tonfall, leise, ruhig, singt dieser Gast
eine noch nie gehörte Melodie. Er spricht anders als «die Leute».
Ist er einer künstlerischen Richtung zuzuordnen, will er irgendeine geschlossene Lehre, eine Art Religion verkünden? Nein, der
lässt sich in kein Schema, keine Schule pressen; der denkt eben
anders als «die Leute», stellt in Frage, was anderen heilig ist,
bricht Tabus, provoziert: Müsste man die Welt, so wie sie ist,
nicht noch einmal neu zusammensetzen?

Welch ein Abenteuer, mit ihm zu reden, welch eine Lust! «In
seiner Nähe wurde man produktiv, man fing an zu arbeiten und
nachzudenken. Man kam auf Dinge, die einem sonst nicht eingefallen wären», schrieb Jahrzehnte später sein Schüler Egon
Monk. Brecht weckte schlafende Gedanken.

Es ist nicht schwer, sich vorzustellen, wie belebend der Abend
auf die Weigel wirkte und wie sie sich in diesen betörenden
Brecht verliebte. Was aber zog ihn hin zu dieser Frau?

Allein schon ihr Beruf. Schauspielerin, das «war die wahre Er-
gänzung für so einen Mann, das brauchte er wesentlich. Damit
fing er wirklich was an … denn dann konnte er sich körperlich
sehn. Sie machte ihm vor, was sich darstellen ließ und was nicht,
und das Irgendmögliche holte sie ihm zuliebe heraus und konnte
auch einmal warnen, bis hierher, nicht weiter! Er tappt nicht
mehr im Dunklen.» So schreibt die Weigel-Freundin und
Brecht-Geliebte Marieluise Fleißer in ihrer Erzählung «Avantgarde».

Helene war keine gewöhnliche Aktrice. Zwar hat sie später oft
betont, Brecht habe ihre Begabung als Schauspielerin eigentlich
erst Ende der zwanziger, Anfang der dreißiger Jahre erkannt.
Doch beeindruckten ihn gewiss schon früh ihre Intelligenz und
ihr Interesse, ja ihre Besessenheit als Künstlerin. Anders wäre es
dieser Tochter aus «gutem jüdischen Haus» auch gar nicht ge-

lungen, gegen den Willen der bürgerlichen Eltern den frühen Berufswunsch durchzusetzen. Nun war sie einem Mann begegnet, dem solche Eigenschaften viel bedeuteten und dem das intensive Gespräch mit dieser intelligenten Kennerin gefiel.

Ihn, der so viele Gegensätze in sich vereint, ziehen auch die Gegensätze bei anderen Menschen an. Zum Beispiel, wie bei der Weigel das Sinnliche ins Spröde umschlagen kann oder auch ins Mütterliche, vereint mit einer komischen Burschikosität, die aufheiternd, belebend wirkt. Wie Arnolt Bronnen oder Caspar Neher, ein enger Freund schon aus der Schulzeit, reagiert auch Brecht manchmal sinnlich auf das eigene Geschlecht. Wie reizvoll, so eine androgyne Persönlichkeit zu treffen, so eine leidenschaftliche Frau, die wie ein herber Knabe wirkt. Flink, behend kommt sie daher, und für eine Dreiundzwanzigjährige manchmal auch erstaunlich würdevoll. Zu der zarten Erscheinung gehört eine volle, dunkle, ungewöhnlich tiefe rostige Stimme. Auf dem kleinen Körper sitzt ein großer Kopf mit einem flächigen Gesicht, wachen braunen Augen und straff nach hinten gekämmtem dunklen Haar. Gemessen am landläufigen Schönheitsideal kommt diese Helene Weigel mit ihren übermäßig großen Ohren und den bei Frauen ungewöhnlichen «Geheimratsecken» nicht gut weg; bei Schönheitswettbewerben hätte sie keine Chance. Auch männlichen Phantasien von einem «unschuldigen Mädchen» oder einer «feinen Dame» entspricht sie nicht. Nacheinander war sie die Geliebte mehrerer Herren vom Theater, ihres Wiener Entdeckers, des Direktors der Volksbühne, Artur Rundt, dann des fast dreißig Jahre älteren Schauspielers, Regisseurs und Intendanten Albert Steinrück, den sie in Frankfurt traf, und Alexander Granachs, der, vom Bäckerlehrling zum Reinhardt-Schauspieler aufgestiegen, aus Galizien kam. Aber sie hat auch Frauen gern.

Nach der abendlichen Begegnung treffen sich die beiden in Augsburg und für ein paar Ferientage in Florenz. Kommt er nach Berlin, wohnt er bei der Weigel. Wie andere junge Männer, deren Mütter nicht mehr leben, sucht auch Brecht nach einer Frau, die mütterliche Gefühle für ihn hegt. Diese hier, energisch, eigensinnig, beharrlich und entschlossen, hat Lebenskraft für zwei; ihr wird er sich anvertrauen. Sie ahnt, wie oft er Schwäche und Verletzbarkeit verbirgt und sich in Zynismus rettet.

Helli, wie er sie bald nennt, macht keine Szenen und hasst dramatische Auseinandersetzungen so wie er, der b., der bert, der bidi. Sie kann zuhören, auch das ist wichtig, und versteht, ohne dass man ihr etwas lange erklären muss. Sie bietet Zuflucht. Die Liebe ist für bidi, wie er später schreiben wird, nur so viel wert, «als sie Freundschaft enthält, aus der allein sie sich immer wieder herstellen kann». Geschichten, die mit einer großen Liebe und heißer Leidenschaft beginnen, enden oft genauso jäh, wie sie angefangen haben. In der Berliner Spichernstraße wächst zu Beginn der zwanziger Jahre eine Lebensfreundschaft.

Fürsorglich, verhalten ist er der jungen Schauspielerin zugetan. «Ich bin *immer* ‹aufgekratzt› bei Dir!, zum Erstaunen lebendig …»; «Gehe ich Dir ab??? Bist Du auch zurückhaltend gegen die Herrn und ordentlich früh und spät??? Ich will da nichts hören müssen …», heißt es in seinen Briefen. Kein Hauch von Leidenschaft, kein Sturm der Gefühle, keine Liebesschwüre. Der Inhalt ist relativ nichtssagend, der Ton Anteil nehmend, respekt- und liebevoll: «… ich glaube, Du weißt, daß ich ungeheuer viel von Dir halte, auch wenn ich es selten oder nie sage», schreibt er zu Silvester 1926 und in einem kurzen Brief viel später: «sei freundlich, ich mag Dich.» Das ist der Ton. «Ich bin Ihnen fortdauernd reichlich gewogen, Madame.» Das ist es, was zusammenhält: Gewogenheit. So ein Gefühl hat kein Verfallsdatum.

Es verbinden sie Herkunft und Milieu sowie der nachhaltige Versuch, beidem zu entkommen. Die Väter haben sich hochgearbeitet ins gut situierte, angesehene Bürgertum. Der eine arbeitet als Prokurist in einer Wiener Textilfirma, der andere, Berthold Friedrich Brecht, bringt es bis zum kaufmännischen Direktor einer Augsburger Papierfabrik. Hellis Mutter führt ein Spielwarengeschäft. Wie viele Töchter aus dem assimilierten jüdischen Bürgertum hatte auch Helene die Lehranstalt der Wiener Reformpädagogin Eugenie Schwarzwald besucht, bekannt durch ihre liberale Gesinnung und moderne Lehrmethoden sowie als Gastgeberin eines Salons, in dem Schülerinnen, die sie besonders schätzte, mit Künstlern und Wissenschaftlern zusammentrafen. Die Atmosphäre dieses Salons, die faszinierenden Menschen werden Helene in dem Entschluss bestärkt haben, vorzeitig die Schule zu verlassen, sich aus bürgerlicher Enge zu befreien, nichts auf die damit verbundene Sicherheit zu geben, sondern durch ihre ungewöhnliche Berufswahl wie auch durch ihr ungebunden freies Leben die Spielregeln der guten Gesellschaft zu durchbrechen. In diesen Kreisen verstand man unter Anstand, der Tochter den Beischlaf vor der Ehe zu verbieten, während Helene Aufrichtigkeit, Zuwendung, Hilfe für die Schwachen als Anstandsgebot begriff. Anerkannte Grundsätze hielt sie oft für Phrasen, und den bürgerlichen Ernst des Lebens machte sie durch ihr Verhalten lächerlich.

Ein ganz und gar antibürgerliches Lebensgefühl, Protest, Rebellion gegen das Überkommene, Gewohnte, der Aufstand gegen die Konventionen verband Helene Weigel mit Bert Brecht seit den ersten Tagen des Beisammenseins und festigte das Zusammengehörigkeitsgefühl.

Dabei ging es um weit mehr als nur um Lebensformen. Der Weltkrieg und die Revolution überzeugten auch andere junge Menschen – zum Beispiel Ernst Bloch und Walter Benjamin, den Schriftsteller Ernst Toller oder Schauspieler wie Alexander Granach und Fritz Kortner – in der Auffassung, das bürgerliche Zeitalter versinke in Chaos, Fäulnis und Verwesung. Vorgegebene Ordnungen und gewachsene Hierarchien seien in den Materialschlachten des Krieges zusammengebrochen. Wie die

Helden in Brechts Frühwerk meinten sie, über die bürgerliche Welt sei die große Sintflut hereingebrochen. Nur wusste keiner, was auf dem frischen Boden wachsen würde.

Im September 1924 zieht Brecht von München in die deutsche Hauptstadt. «Wir müssen nach Berlin. Nur dort wird die Theaterschlacht geschlagen», hatte er dem anderen jungen Dramatiker, Carl Zuckmayer, gesagt. Zusammen mit diesem wird er als Dramaturg am Deutschen Theater arbeiten.

Schreckt ihn nicht die Riesenstadt? «In der Asphaltstadt bin ich daheim», heißt es in einem Gedicht der «Hauspostille». Er liebt Autos, Boxkämpfe im Sportpalast, die Kinos mit den Gangsterfilmen aus Amerika, er fühlt sich angezogen von den Extremen, die hier aufeinander stoßen: Ordnung und Chaos, Großstadt und Provinz, Schnoddrigkeit, Kälte, Sentimentalität und Wärme.

Zwar war im November 1923 mit der Einführung der Rentenmark die Inflation beendet worden. Dahin war die Möglichkeit für Spekulanten, kostbare Bilder, wertvolle Bibliotheken und, wenn es nur einer verstand, ganze Straßenzeilen aufzukaufen. Die Millionen- und Milliardenscheine waren aus dem Verkehr gezogen worden. Aber Reichtum und Armut gibt es immer noch, auch Hoffnung und Verzweiflung, Solidarität und Talmi, Rotfront, Heilsarmee und «Clärchens Witwenball», Brutalität und Schrebergartenidylle. So aufregend und zerrissen, so modern und quicklebendig ist keine andere deutsche Stadt.

Im Berliner Norden und Osten leben Arbeiterfamilien, Arbeitslose und durch die Inflation ruinierte Existenzen in voll gestopften Mietskasernen mit ihren lichtlosen, kahlen Hinterhöfen. Im Westen, um die Gedächtniskirche, Kurfürstendamm und Tauentzien, blüht das Nachtleben in Bars mit kleinen Ganoven und großen Künstlern, Kofmichs, schrägen Vögeln und jungen, grell geschminkten Frauen. Damenclubs, Transvestitenkneipen und Opiumhöhlen schießen aus dem Boden.

Der fünfundzwanzigjährige Bertolt Brecht aus Augsburg, der Autor von «Baal», «Im Dickicht der Städte» und «Trommeln in der Nacht», ist einer, über den man beim Theater spricht. Traditionalisten lehnen ihn ab. Aber Kritiker mit Sinn für neue Inhalte und Formen überschütten ihn mit Lob. Er selbst ist davon überzeugt, ein Klassiker zu werden.

Im August 1923 lernt Brecht die Schauspielerin Helene Weigel näher kennen und wird ihr Geliebter.

Wie Brecht steht auch die Weigel erst am Anfang ihrer Karriere, als die beiden sich begegnen. Aus ihrer Geburtsstadt Wien ist sie über Frankfurt/Main nach Berlin gekommen und macht auf sich aufmerksam als eine begabte, durch den expressionistischen Bühnenstil der zwanziger Jahre geprägte Darstellerin. Mit Brecht verbindet sie ein ganz und gar antibürgerliches Lebensgefühl und in den späten zwanziger Jahren die Sympathie für die Kommunistische Partei. Im April 1929 heiraten die beiden.

Vor allem aber ist Berlin mit seinen vierzig, fünfzig Bühnen zum Zentrum des deutschen Theaterlebens aufgestiegen. Die besten Kritiker des Landes, Alfred Kerr, Siegfried Jacobsohn, Alfred Polgar und Herbert Jhering, besprechen die vielfach Furore machenden Stücke der begabtesten jungen Theaterautoren, von Barlach bis Zuckmayer. Und das wache, kritische und kenntnisreiche Berliner Publikum ist unvergleichlich aufgeschlossener für künstlerische Experimente als etwa die traditionsbewussten Wiener.

Verlage wie S. Fischer und Kiepenheuer, Rowohlt und Ullstein sind ständig auf literarische Entdeckungen aus und ziehen die besten Autoren an. Seit Mitte der zwanziger Jahre leben viele der wichtigsten deutschen Schriftsteller in Berlin, darunter Alfred Döblin, Lion Feuchtwanger, Leonhard Frank, Ferdinand Bruckner, Georg Kaiser. «Die früher gedankenträgste und politisch indolenteste aller Weltstädte», schrieb der Schriftsteller Bernhard Kellermann, «hat geistigen Inhalt und politische Leidenschaft bekommen.» Und Heinrich Mann, auch er nun Wahlberliner, war überzeugt, jene «Ritter des Vergangenen», überall sonst noch tonangebend, müssten angesichts Berlins «alle Hoffnung» fahren lassen. Denn: «Die Zukunft Deutschlands wird heute andeutungsweise vorausgelebt von Berlin», diesem «Zivilisationsherd», dieser «Menschenwerkstatt».

In dieser «Menschenwerkstatt» kommt am 3. November 1924 Stefan Sebastian Weigel auf die Welt. Nur wenige wissen, wer der Vater ist. Da seine Mutter während der Schwangerschaft das Theaterspielen vorübergehend aufgeben musste und auch Brecht meistens knapp bei Kasse ist, hat Elisabeth Bergner, eine Wiener Landsmännin und Kollegin, Helli die komplette Babyausstattung geschenkt. Ein paar Monate später, als sie wieder spielen will, engagiert sie ein Hausmädchen, das auch für den Kleinen sorgt, und zieht um in eine andere, weniger hoch gelegene Wohnung. Den Kleinen jedes Mal fünf Treppen runter-

und dann wieder hochzutragen war gewiss zu anstrengend auf Dauer. In ihr bisheriges Atelier zieht Brecht nun ein.

Der freut sich zwar an dem kleinen Steff, wie man ihn nennt, aber für einen verheirateten Dichter, der kaum genug fürs eigene Leben verdient, ist die Geburt dieses dritten Kindes nicht gerade ein ungetrübtes Glück. Im März 1923 hatte seine Ehefrau, die Mezzosopranistin Marianne Zoff, ein kleines Mädchen namens Hanne in München zur Welt gebracht. Und nun, ausgerechnet am zweiten Hochzeitstag des Ehepaares Brecht-Zoff, war Steff, der Weigel-Sohn, geboren worden. Aber auch noch von einer anderen, einer früheren Geliebten namens Paula Banholzer, einer Arzttochter aus Augsburg, gab es ein Kind, einen inzwischen fünfjährigen Sohn namens Frank, für den der Vater demnächst, und zwar nach einer gerichtlichen Entscheidung, jährlich Unterhalt wird zahlen müssen.

Verhältnisse mit verheirateten Männern hatten auch andere Frauen. Aber dass Helene Weigel auch noch ein Kind von ihrem Liebhaber bekam, ja, es sich sogar gewünscht hatte, passierte auch in Berlin nicht alle Tage. Damit nicht genug.

Kurz nach der Geburt von Stefan, noch im selben Monat, lernt Brecht eine intelligente, schicke junge Frau namens Elisabeth Hauptmann kennen, eine frühere Lehrerin, die aus der Provinz nach Berlin gekommen ist und gern studieren würde. Doch der Vater hat es abgelehnt, ihr ein Studium zu finanzieren. Nun versucht sie, es sich selber zu verdienen, und hat schon die verschiedensten Beschäftigungen hinter sich. Ihre in Amerika geborene Mutter hat frühzeitig dafür gesorgt, dass die Tochter ein vorzügliches Englisch spricht. Das ermöglicht ihr, von Verlagen auch Übersetzungen anzunehmen, doch Elisabeth hat auch selber literarische Ambitionen. Anmutig bewegt sie sich. Seidig glänzt ihr schönes braunes Haar.

Als Erstes an der jungen hübschen Dame fällt dem Dichter auf, wie gut sie zuhören kann – ausdauernd und konzentriert. So jemand braucht er, wenn er hin- und hergehend seine Ideen entwickelt. Doch Fräulein Hauptmann hört nicht nur zu, sie redet auch gescheit: über Bücher, das Theater, Manuskripte, die er ihr zu lesen gibt. Noch bevor das Jahr zu Ende geht, schläft und arbeitet Brecht mit ihr. Elisabeth sammelt Formulierungen, Ideen und Pläne, macht Vorschläge, gräbt geeignete Stoffe aus, wird bald unentbehrlich. Der Verlag Kiepenheuer erklärt sich bereit, der Mitarbeiterin seines Autors Honorar zu zahlen. Demnächst wird sie an einem Schreibtisch in der Spichernstraße 16 sitzen, da, wo Brecht jetzt wohnt und Helene früher lebte. Elisabeth Hauptmanns Anteil an Brechts Werk ist größer, als lange angenommen wurde.

Obgleich eigentlich Rivalinnen, sind sich Helli und Elisabeth sympathisch. Sicherlich hatte Brecht beide Frauen davon überzeugen können, dass die jeweils andere weniger wichtig für ihn sei. Früh übt sich der Polygame in der schwierigen Kunst, gleichzeitig die Liebe mehrerer Frauen zu gewinnen, und in der noch schwierigeren Kunst, sie auch zu erhalten. Das praktiziert er bis an sein Lebensende, auch wenn manchmal die Lügenregie nicht perfekt klappt.

Womöglich hat die beiden Frauen sogar ihre tätige Hilfe, die Erledigung von Aufträgen für ihren Bert verbunden. Helli stand wieder auf der Bühne, während Bess, wie Brecht Frau Hauptmann nannte, dramatische Einfälle und Korrekturvorschläge für seine Stücke lieferte, ihn mit Materialien, Übersetzungen, Anregungen versorgte sowie alle Pläne, Ideen, Formulierungen sammelte und ordnete. Von Unterbrechungen in den Emigrationsjahren abgesehen, wird sie seine wichtigste literarische Mitarbeiterin bleiben.

Außerdem braucht der Dichter alltägliche Hilfe in allen praktischen Lebensangelegenheiten, muss versorgt, bekocht und selbst noch unterstützt werden in seiner Sorge für andere Frauen, die in seinem Leben eine Rolle spielen. Bess soll eine

Die Heirat mit Helene Weigel hat Brecht seiner engen Mitarbeiterin Elisabeth Hauptmann, solange es ging, verschwiegen. Seit Jahren Brechts Geliebte, hatte die Hauptmann immer gehofft, eines Tages seine Frau zu werden. Verzweifelt versucht sie, sich das Leben zu nehmen. Doch gelingt es Brecht, die Unentbehrliche wieder für sich einzunehmen; ihr Anteil an seinem Werk ist größer, als lange angenommen wurde.

Wohnung für Frau Brecht-Zoff und ihre kleine Tochter suchen, die dann doch nicht nach Berlin umziehen. Helli wiederum sieht sich nach einer Bleibe und einem Arbeitsplatz für Paula Banholzer um. Aber die will schließlich auch nicht nach Berlin, sondern mit einem Herrn Groß glücklich werden. Der liebt zwar Paula, aber nicht Brecht-Sohn Frank. Also bekommt Helli nun mit Frank zu tun und bringt ihn unter bei ihren österreichischen Verwandten. Wer mit dem Lebenspaar Weigel-Brecht vertraut werden möchte, muss sich auf eine ungewöhnlich große Zahl von Mitwirkenden einstellen und viele Rollen samt ihrer Bedeutung unterscheiden lernen.

Wie hat man sich die Bitten und die Aufträge für Helli in den zwanziger Jahren vorzustellen? Zu beschaffen sind Geschenke für die kleine Hanne, die Adresse von Döblin, die neuen Hefte der Revolutionsgeschichte, desgleichen eine Garage für Brechts Auto, ein möglichst billiges Atelier für Bess. Schließlich muss auch eine neue Wohnung für Bert gefunden und eingerichtet werden. Und dies alles in Frau Weigels freien Stunden, wenn sie nicht auftreten oder proben und ihren Sohn versorgen muss! Zu verschicken sind eine Fotografie an Frau Kaiser sowie je zwei Exemplare von Brechts Stücken. Zu mahnen ist die Ullstein-Honorarabteilung, anzurufen ist bei Koch, warum er keine Antwort gibt. Unverzüglich aufzusuchen ist das Berliner Kraftverkehrsamt in der Bismarckstraße, und es ist darauf zu dringen, mündlich, schriftlich, telefonisch, dass der Brecht verloren gegangene Führerschein sowie auch die anderen nicht mehr auffindbaren Papiere für sein Auto unverzüglich, aber wirklich unverzüglich, durch entsprechende neue Dokumente zu ersetzen sind.

Helli hilft Bert gern. Sie ist praktisch und verlässlich. Viele Frauen wären ja heute noch bereit, für einen so Außergewöhnlichen, so Hochbegabten eigene Ansprüche und Wünsche hintanzustellen, um ihm das Leben zu erleichtern. Soll etwa der Vielbeschäftigte seine Zeit mit Einkaufen, Kochen, Wohnungsuchen, auf Ämtern und in Spielzeugläden vertun? Der Verleger fragt nach dem fertigen Manuskript der «Hauspostille», der ersten Sammlung von Brechts frühen Gedichten, ein Stück ist erst im Rohbau fertig, ein anderes hat Premiere, mit der «Vossischen» muss ein Honorar ausgehandelt werden. Das macht der Dichter lieber selbst, denn das versteht er. Manchmal gibt er sich unpraktischer und unbeholfener, als er wirklich ist. Sei's drum, es ist schön, von einem Genie gebraucht zu werden.

Und nun genug des Mitgefühls!

Helli würde sich nämlich freuen, wenn Bert mehr Zeit für sie und Steff aufbringen könnte. Aber tagsüber arbeitet er mit der Hauptmann, kommt höchstens zum Mittagessen und erwähnt beim Abschied, dass er abends mit Bess ins Theater gehen wird. Den größten Teil der Ferien verbringt er mit seiner Ehefrau und der kleinen Tochter, auch im Sommer 1924 während Hellis Schwangerschaft. Später nimmt er, endlich mal mit der Weigel Urlaub machend, auch die Hauptmann mit, um mit ihr an einem neuen Stück zu schreiben.

Abwechselnd beschwert sich eine der drei Frauen. Aber während Helli mit einem Satz wie «Sei *nicht* blöd, kein Grund!!!» beruhigt wird, geht es in Briefen an Marianne Zoff nicht ohne Verrat an Helli und dem Kleinen ab. Mitte Februar 1925 heißt es in einem Brief an Marianne Zoff: «Ich habe keine Frau außer Dir und werde keine haben. Ich weiß ganz gut, daß Du am meisten Klasse hast von allen Frauen ringsum und doch am besten zu mir paßt.»

Bald darauf erfährt die Einzige, dass ihr Mann mit Frau Weigel lebt und auch ein Kind mit ihr hat. Der Entdeckte antwortet: «Es ist natürlich falsch, was Du erfahren hast, und falsch, was Du darüber schreibst, ich habe mich an kein anderes Kind gewöhnt als die Hanne und werde mich an kein andres gewöhnen, nie!!!»

Könnte er sich womöglich, argwöhnt 1926 seine Frau, von ihr scheiden lassen wollen, um für die Weigel frei zu sein? Da kann

Brecht sie beruhigen: «Ich höre, Du denkst, ich wolle die Weigel heiraten, und es liegt mir daran, Dir mitzuteilen, daß ich das *nicht* will. Ich habe nicht vor, ein anderes Kind der Hanne gleichzusetzen ...»

Wenn es darum geht, Gattin und Geliebte zu beruhigen und zu versöhnen, wird aus dem Weltveränderer ein ganz gewöhnlicher Durchschnittsbürger, der sich von anderen nur noch dadurch unterscheidet, dass er sein Verhalten auch in Poesie umsetzen kann: «In meine leeren Schaukelstühle vormittags / Setze ich mir mitunter ein paar Frauen / Und ich betrachte sie sorglos und sage ihnen: / In mir habt ihr einen, auf den könnt ihr nicht bauen», heißt es in Brechts berühmtem Selbstporträt «Vom armen B. B.».

«Er merkte nie, was hart war für eine Frau ... Wie ein Wachhund verteidigte er seine Freizügigkeit ... Ihn einsperren hieß ihn überfordern, es machte ihn lahm ... Sie würde sich hüten, ihn anzunageln, wenn sie ihn dadurch verlor ... Der Umgang mit ihm war schwer zu verdauen. Seine Fehler zeigte er zynisch. Es kam ihm nicht darauf an, mußten andere fertig werden damit, so sparte er Kraft. Seine Schuhnummer war eben größer ... Seine zugegebenen Schurkenstreiche machte er mittendrin durch einen Geniestreich wieder wett, auf einmal stimmte es wieder. Auf einmal war man nicht mehr auf ihn zornig ...», so wird der arme B. B. in «Avantgarde», der autobiographischen Erzählung Marieluise Fleißers, beschrieben.

Wie wird Helene Weigel mit ihm fertig werden? Wie die Selbstachtung bewahren? Durch «Untreue auf Gegenseitigkeit»? Es gibt unter den Zeitgenossen genügend Beispiele für solche lebenslangen Paarbeziehungen. Jeder der beiden kann für sich entscheiden, was er tun und was er lassen will. Lion Feuchtwanger, Brechts Entdecker, und Marta, seine Frau, hatten sich auf so ein unausgesprochenes «gentlemen's agreement» geeinigt. Sartre und die Beauvoir berichteten sich gegenseitig von ihren

Liebesabenteuern. Doch derartige Verbindungen kamen für Bert Brecht nicht in Frage. Gleichberechtigung in der Liebe erkannte er nicht an. «Bei Mann und Frau ist es meistens so, daß der Mann kraft seines Vertrags ungeheuer viel verlangen kann und die Frau ungeheuer viel zugeben muß», äußerte er unbefangen. Was er für sich beanspruchte, gestand er seinen Frauen nicht zu. Die Doppelmoral beunruhigte ihn nicht. Wie sein Kollege Arnold Zweig träumte er von dem Ideal einer polygamen Ehe und versuchte sich immer wieder neu darin.

Helene Weigel ist in die Beziehung zu Brecht nicht hineingeschlittert. Sie wusste, dass er verheiratet war, und merkte bald, dass er auch Verhältnisse mit anderen Frauen hatte. Ihr, die mit einem robusten Realitätssinn ausgestattet war, muss klar gewesen sein, worauf sie sich da einließ. Auch hatte er ihr gleich gesagt, dass er Männertreue für ein verachtenswertes bürgerliches Moralgebot halte. Und für seinen Wunsch, sich so weit wie möglich Unabhängigkeit zu bewahren, brachte sie Verständnis auf. Auch machte sie sich keine Illusionen über Männer. «Lass die Männer», sagte sie einmal zu Marieluise Fleißer, «die sind alle schlecht.»

Aber ganz ohne schlechte Männer ist das Leben auch nicht schön. Helli erfreute sich eines Liebhabers, der zärtlich, liebevoll und dann wieder frech wie ein junger Gott sein konnte, derb und obszön, wenn es die Lust erhöhte. Der und schlecht? Das war doch nichts weiter als ein Selbstschutz!

Im Lauf der Zeit muss Brecht bewusst geworden sein, was er an dieser Helli hatte. Das war eine Frau, deren Hilfsbereitschaft bis zum Dienen ging und die dabei doch ihre Eigenständigkeit bewahrte, ja, sie vielleicht erst so gewann. Sie war selbständig, duldsam und demütig zugleich, verkörperte Tradition, nicht zuletzt die des jüdischen Familienlebens, und moderne weibliche Emanzipation.

II. «DAS LOB DER DRITTEN SACHE»

Die Entdeckung des Marxismus

Dieser Brecht ist ein Mensch, der mitten im Chaos, das ihn umgibt und das er zuweilen in seinem engsten Umkreis selbst erzeugt, immer wieder bürgerliche Ordnung sucht. «Seit langem denke ich, daß ich nicht recht imstande bin, mich unter den Menschen und Dingen zurechtzufinden», notiert er. Seine Ehe mit Marianne Zoff ist zerrüttet; schließlich trennt man sich. Im April 1929 heiratet Brecht Helene Weigel. Sie wird helfen, sich «zurechtzufinden». Am 28. Oktober 1930 wird die gemeinsame Tochter Barbara geboren.

Der Ehemann und Vater gilt inzwischen als einer der bedeutendsten deutschen Dramatiker. Seine Gedichte gehören zu den schönsten des Jahrhunderts. Durch den überwältigenden Erfolg der «Dreigroschenoper» ist endlich Geld ins Haus gekommen. «Nur wer im Wohlstand lebt, lebt angenehm», singen allenthalben die Berliner. Ein angesehener Theaterverlag sichert dem Autor für die kommenden sieben Jahre eine monatliche Vorschusszahlung von tausend Mark zu.

Endgültig vorbei sind jene Zeiten, so hoffen Bert und seine Helli, in denen der Entzug der Unterstützung durch den alten Brecht eine Katastrophe für den Sohn war und der Dichter sich nur mit Hilfe von Lion Feuchtwanger und Helli mühsam über Wasser hielt. Zum ersten Mal in seinem Leben kann der Dreißigjährige sich eine ‹richtige› Familie leisten.

Aber was heißt hier ‹richtige› Familie? Hat sich denn etwas geändert? Auch nach der Heirat behält jeder der beiden seinen Namen, seine Wohnung. Helli spielt weiter Theater und führt aus, was Bert ihr aufträgt. «Schau doch mal nach!» Heute geht es um eine neue, größere Bleibe nur für ihn, morgen um einen am Kurfürstendamm zu besorgenden Rasierapparat von jener ganz besonderen Sorte, die Brecht bei einem Freund gesehen hat … Und doch hat sich vieles mit der behördlich bescheinigten Gemeinsamkeit verändert. Die Heirat erweist sich als wohl überlegter, weitsichtiger Entschluss des Dichters. Brecht wird wieder eine Familie, ein Zuhause haben, ohne seine Freiheit aufzugeben. Er bindet sich und bleibt doch ungebunden, hat Freude an den Kindern und wird von ihnen nicht gestört. Den Ehepartnern gelingt es, Nähe und Distanz ins richtige Lot zu bringen und damit eine der wichtigsten Voraussetzungen für die Haltbarkeit von Ehen zu erfüllen. Allerdings, ohne Hellis ungewöhnliche Weitherzigkeit wäre das wohl kaum gelungen. Wenn einer in dieser Lebensgemeinschaft draufzahlt, wird sie es sein, nicht er.

Trotzdem, und das weiß sie, ist ihr Status jetzt ein anderer als in den vorausgegangenen Jahren. Helene Weigel ist wie in einer altchinesischen Großfamilie zur Hauptfrau aufgestiegen und wird diesen Status fast drei Jahrzehnte lang behaupten. Sie schafft es, eine ganz eigene, nicht zu kopierende, auch von den jeweiligen Nebenfrauen respektierte Rolle in dieser Lebensgemeinschaft zu spielen.

Zunächst jedoch rebellieren die Nebenfrauen. Auch sie wären gern von Brecht geheiratet worden. Die eine erfährt erst aus der Zeitung von der Eheschließung, die andere hörte es auf dem Bahnsteig; unvorbereitet sind sie allesamt. Der konfliktscheue B. B. sieht sich Zwietracht und ungeahnten Konsequenzen ausgesetzt.

Am schwersten trifft es Elisabeth Hauptmann, die unentbehrliche Mitarbeiterin. Sie wähnte sich im Mittelpunkt des

Brecht'schen Lebens und versteht die Welt nicht mehr. Nach einem Selbstmordversuch braucht sie lange, um sich zu erholen, heiratet schließlich einen kleinen Angestellten, verlässt ihn jedoch bald wieder.

Ähnlich reagiert Marieluise Fleißer. Die junge, begabte Dramatikerin hatte Brecht schon in München als Studentin kennen gelernt. Er hatte sie nicht nur künstlerisch gefördert, sondern auch leichtfertig prophezeit: «Das wird meine Frau!» Als sie in der Zeitung von seiner Heirat mit der Weigel liest, will auch sie nicht länger leben, wird ebenfalls gerettet und reagiert zunächst ähnlich wie die Hauptmann: «Lieber einen ganz gewöhnlichen Mann, sagte sie sich vor, sich nicht einlassen mit einem Genie. Von einem Genie hat man was aus der sicheren Entfernung, wo die Zerstörung nicht hinbrennt.» Im Unterschied zu Bess Hauptmann trennt sie sich im Sommer 1929 endgültig von Bert Brecht, kehrt in ihre Heimat, nach Ingolstadt, zurück und heiratet einen «ganz gewöhnlichen Mann», Tabakwarenhändler von Beruf. «Tu, was du nicht lassen kannst», spottet der Verlassene. Es folgen Jahrzehnte der Bedeutungslosigkeit.

Weniger dramatisch als die zwei reagiert eine dritte Brecht-Geliebte, die Schauspielerin Carola Neher. Die beiden waren sich schon zu Beginn der zwanziger Jahre bei der gemeinsamen Arbeit in den Münchner Kammerspielen begegnet. Man mochte sich. Carola war alles andere als prüde: eine schöne, lebendige, kapriziöse, verführerische Frau mit einem Pfirsichgesicht, wie die Verehrer meinten, und eine ehrgeizige junge Künstlerin, die wenige Jahre später auf Berliner Bühnen Triumphe feiern wird. «Ein holdes Liebkerlchen weiblichen Geschlechts» hat sie Alfred Kerr, der Kritiker, genannt. Nach dem Tod ihres Mannes, des Schriftstellers Klabund, hatte die junge Witwe rasch dem Werben ihres alten Freundes und Bewunderers nachgegeben, und es mag wohl sein, dass auch Carola Neher an eine spätere Heirat dachte.

Just an dem Tag, da dieser Traum zerrinnt, eilt der Unverschämte gleich nach dem Standesamt mit einem Blumenstrauß zum Bahnhof, um der ankommenden Geliebten das Neueste vom Tage, nämlich seine Heirat mit der Weigel, mitzuteilen: «Es war unvermeidlich, aber es hat nichts zu bedeuten» – eine billige Ausflucht. Doch die erhoffte Wirkung, die Fortsetzung der Liaison mit der so sinnlichen Carola, bleibt aus. Sie lernt einen jungen Kommunisten namens Anatol Becker kennen, heiratet ihn 1932 und geht mit ihm zusammen nach Moskau. Die Geliebten, so scheint es, sind weniger unkonventionell als Brecht.

Gewiss, im Berlin der zwanziger Jahre, noch dazu in der Boheme, ist viel erlaubt und selbstverständlich. Jeder schläft mit jedem, Treue ist ein altmodischer Begriff, mit sechzehn noch Jungfräulein zu sein gilt geradezu als Schmach. Aber mitten in einer neuen Liebesgeschichte eine andere zu heiraten gilt als Bruch ungeschriebener Gesetze, so sieht es auch die Neher. Sie schmeißt dem Liebhaber die Blumen vor die Füße, lässt ihn stehen.

Doch nur wenig später ist ‹alles wieder gut›. Im Schiffbauerdamm-Theater steht auf dem Spielplan wieder «Die Dreigroschenoper», und Carola singt und spielt die Polly. Im September 1929 hat im gleichen Haus ein von Elisabeth Hauptmann unter Pseudonym geschriebenes Stück mit dem symbolträchtigen Titel «Happy End» Premiere, und dieses Mal steht die Neher, witzig und leicht wie immer, sogar zusammen mit Helene Weigel auf der Bühne. Auch Theo Lingen, der zweite Ehemann der Marianne Zoff, ist mit von der Partie.

Wieder einmal hat es Brecht geschafft, seine Frauen miteinander zu versöhnen. Bis der Sieg der Nazis sie alle auseinander treibt, verbinden Neigung und Zusammenarbeit Brecht auch weiter mit Carola Neher und mit seiner Bess. Eine Heirat, zwei Selbstmordversuche und ein Happy End – in solchen tragikomischen Momenten geht es in der Brecht'schen Großfamilie wie im Theater zu.

Der Gewinn dieser ersten Ehejahre für Helene Weigel wird sichtbar auf der Bühne wie auch in der Politik. Das Zusammenleben, vor allem die Zusammenarbeit mit ihrem Mann, löst bei ihr zunächst eine künstlerische Krise aus, aus der sie schließlich gereifter, als eine noch bessere Schauspielerin hervorgehen wird.

«Großes Talent» und eine «enorme Sprachgewalt» hatten die Kritiker dieser Naturbegabung, die nie Schauspielunterricht genommen hatte, schon 1920 in Frankfurt am Main bescheinigt, wo sie nach kurzer Zeit Hauptrollen wie die Marie in Büchners «Woyzeck» und die Pauline Piperkarcka in Hauptmanns «Ratten» spielte. Und da man im Frankfurter Neuen Theater weniger Wert auf ausgearbeitete Regiekonzepte als auf das individuelle Engagement der Schauspieler zu legen pflegte und den Darstellern weitgehend überlassen blieb, ihren eigenen Typ zu finden, ließ die junge Weigel in ihren Rollen ungestümer Leidenschaft freien Lauf – womit sie ganz und gar dem Charakter des modernen Theaters entsprach. Ihre expressionistische Ausdrucksform galt als künstlerischer Protest gegen bürgerliches, in Zwänge und Ehe eingeschnürtes Leben.

Was lag näher für die selbstbewusste junge Künstlerin, als ihre Vorstellungen von zeitgemäßer Schauspielkunst auch in Berlin zu präsentieren! Am Staatstheater Leopold Jessners, am Deutschen Theater Max Reinhardts sowie als Mitglied der avantgardistischen «Jungen Bühne» spielte sie als Partnerin von so bedeutenden Kollegen wie Heinrich George und Albert Bassermann, Max Pallenberg und Agnes Straub Stücke von Molière, Shakespeare, Hebbel, Brecht – die Weigel lärmte, brüllte, heulte, schluchzte, spie Worte und Sätze wie ein Vulkan heraus – «eindrucksvoll, nur etwas zu nachdrücklich», urteilte ein Rezensent.

Der Durchbruch gelang 1925 als Klara in Hebbels «Maria Magdalene» im Berliner Renaissance-Theater. Die Kritik entdeckte die begabte junge Frau und gestand ihr zu, sich «mit einem Schlag in die Reihe der Ersten gestellt» zu haben. Ihr herber Typ, ihre Hingabe, mit der sie sich die Rollen aneignete, die mit Kraft und Leid geladene Stimme, der «Menschenschrei» – das beeindruckte.

Doch als sie Anfang 1928 zusammen mit Heinrich George als Packer Galy Gay in Brechts «Mann ist Mann» an der Volksbühne Berlin die Leokadja Begbick gab, war die Kritik geteilter Meinung. «Frau Weigels Marketenderin tut sich hervor durch einen festen Dauerschrei; straffes Gegell; Peitschenton; Schnellprofil; Prallsprung», schrieb Alfred Kerr. Das Ergebnis immerhin: «Wacker». Dem Kritiker der *BZ am Mittag* ging diese zwar begabte, aber zugleich «lärmendste Schauspielerin» Berlins allerdings ziemlich auf die Nerven. Er fand sie «zum Davonrennen», grässlich.

Und nun die Wende. Im Januar 1929, also ein Jahr nach der «Mann-ist-Mann»-Premiere, sieht das Berliner Theaterpublikum Helene Weigel als Magd im «Ödipus» des Sophokles in Jessners Staatstheater. Der Intendant führt selbst Regie. Wieder ist das Stück hervorragend besetzt, Fritz Kortner gibt den Ödipus, Kritikerlob auch für die Weigel, hauptsächlich für jene Szene, in der sie, wie es heißt, zugleich inbrünstig und schneidend den Bericht vom Tod der Iokaste, ihrer Herrin, «schmettert».

Damit beginnt ein neuer Abschnitt in der Laufbahn der Helene Weigel.

Der Dichter, wie gesagt von ihrem Talent nicht sonderlich beeindruckt, hatte sich entschlossen, mit ihr die neue Rolle gründlich zu studieren. Es ist nicht bekannt, wie Jessner darauf reagierte, dass eine seiner Darstellerinnen mit einer fertigen Interpretation ihrer Rolle und genauen Vorstellungen selbst noch über ihre Maske zu den Proben kam. Beeindruckte ihn, was er da sah und hörte? Begriff er, dass da ein neuer Stil kreiert werden sollte? Berichtete ihm die Darstellerin von ihrer Zusammenarbeit mit Brecht? Üblich war das nicht, was da geschah. Doch

Brecht–Weigel hatten Glück. Jessner suchte in dieser Inszenierung nach einem neuen Stil und war deshalb empfänglich für Anregungen und Mitarbeit.

Brecht selbst hat beschrieben, wie man sich die Magd der Weigel unter seiner Lenkung vorstellen soll: Als sie nun «den Tod ihrer Herrin zu berichten hatte, rief sie hinter der Bühne ihr ‹Tot, tot› mit ganz gefühlloser, durchdringender Stimme. Ihr ‹Iokaste ist gestorben› ohne jede Klage, aber so bestimmt und unaufhaltsam, daß die nackte Tatsache ihres Todes gerade in diesem Augenblick mehr Wirkung ausübte, als jeder Schmerz zustande gebracht hätte. Sie überließ also dem Entsetzen nicht ihre Stimme, wohl aber ihr Gesicht; denn durch ihre weiße Schminke zeigte sie die Wirkung an, die der Tod auf den Dabeiseienden ausübt …

Was für einen Erfolg hatte sie?

Bescheiden außer bei den Kennern …»

Brecht, der sich als Erneuerer des Theaters sah, setzte gegen den Expressionismus auf der Bühne, gegen «Schrei-Dramatik» und «O-Mensch-Geste» Verfremdung. Ihm ging es nicht um Emotionen, sondern um dialektisch herbeigeführte Erkenntnis. Ob das gelang, hing wesentlich vom Rollenverständnis der Interpreten ab. Sie sollten sich und ihr Publikum nicht in eine Art Trance versetzen, nicht Hamlet oder die Heilige Johanna «sein», sondern die Figuren episch vorführen, zeigen, schildern und so im Publikum Einsichten hervorrufen und Schlussfolgerungen ermöglichen. Das war das genaue Gegenteil von dem, was die Weigel bisher unter Schauspielkunst verstanden hatte, und es muss ihr schwer gefallen sein, sich umzustellen. Unter Brechts Einfluss und mit seiner Hilfe überwand sie schließlich alles Laute und Outrierte, wurde die bedeutendste Interpretin seiner Vorstellungen vom epischen Theater. Allerdings sollte es noch Jahre dauern, bis sie dieses Ziel erreichten.

In seinen Memoiren erinnert sich der Schriftsteller Carl Zuckmayer, wie er Anfang der zwanziger Jahre Bert Brecht in München traf: «Damals stand er jeder Ideologie, der Politik überhaupt, distanziert und kühl gegenüber.» Doch Brechts Briefe an Helene Weigel ab 1926/27 sprechen eine andere Sprache. Zu Hause in Augsburg und anderswo auf Reisen, bittet er die Freundin, ihm alle marxistische Literatur zu schicken, derer sie habhaft werden könne: Ausgaben der wichtigsten Werke von Marx und Engels, auch von Lenin, Interpretationen führender sozialistischer Theoretiker und was es sonst noch gäbe. «Ich stecke acht Schuh tief im ‹Kapital›. Ich muß das jetzt genau wissen», heißt es in einem Urlaubsbrief. Für seine Stücke will er die Ökonomie ergründen, die Ursachen der großen Unstimmigkeiten im gesellschaftlichen Leben, des Reichtums und der Armut, all der Disharmonien. In den marxistischen Klassikern meint er die überzeugendsten Lehrmeister zu finden, um anstelle des ziellosen Aufruhrs zu festen Maßstäben und Werten zu gelangen. Dabei versichert er sich zugleich des Beistands nicht parteihöriger, undogmatischer sozialistischer Theoretiker wie des Philosophen und Rechtswissenschaftlers Karl Korsch, der 1926 aus der KPD ausgeschlossen worden war und den Brecht für einen von ihm initiierten «Studienkreis des kritischen Marxismus» gewann, sowie des Wirtschaftswissenschaftlers und Soziologen Fritz Sternberg, der, schon bevor er Brecht im Winter 1926/27 kennen lernte, Kontakt mit Helene Weigel hatte und durch sein Buch über den Imperialismus bekannt geworden war. Sternberg allerdings befand, das systematische Denken liege seinem Schüler nicht, der denke «im Rösselsprung», in «Assoziationen, auf die sonst kaum jemand käme». Gerade deshalb legt der Dichter Wert darauf, dem kritischen Denker seine Gedichte und Stücke vorzulegen.

In der zweiten Hälfte der zwanziger Jahre näherte sich auch Helene Weigel dem Sozialismus und der Arbeiterbewegung, nicht über Bücher, sondern aufgrund einprägsamer Erfahrungen, die bis ins Elternhaus zurückreichten. Ungerechtigkeit empörte sie. Schon der Heranwachsenden war aufgefallen, dass das Dienstmädchen trotz des Wohlstands der Familie auf einem Klappbett in der Küche schlafen musste und in rot gewürfelten Bettbezügen, damit die Wäsche nicht verwechselt werden konnte. Das im Protest erwachte Empfinden wurde durch Genia Schwarzwald, die Schulleiterin, verstärkt. Während des Ersten Weltkrieges hatte sie mit Unterstützung der dänischen Schriftstellerin Karin Michaelis ein bedeutendes Sozialwerk mit Gemeinschaftsküchen, Kinderhilfe und Betreuung alter Menschen aufgebaut. Zu ihren Schützlingen gehörten auch junge Kommunisten, die nach der ungarischen Revolution nach Wien geflohen waren und die Weigel damals kennen lernte.

Als junge Schauspielerin ohne familiäre Unterstützung erfuhr sie Armut auch am eigenen Leib. Ihre Gage in Frankfurt war zunächst so gering, dass sie sich gezwungen sah, zweimal wöchentlich Freitische bei reichen Familien anzunehmen, eine zwar freundliche, aber erniedrigende Sitte aus der Kaiserzeit, die den Protest der jungen Frau gegen die bestehende Ungerechtigkeit noch steigerte.

Überhaupt fühlten sich im Theater, zunächst in Frankfurt, dann auch in Berlin, viele auf unbestimmte Weise den Linken zugehörig. Während sich Weltverbesserungswille und Menschheitspathos voll irrationaler Erwartungen zunächst mit dem Expressionismus verbunden hatten, verbrauchten sich dessen Ausdrucksformen mit der Zeit, und die zweite Hälfte der zwanziger Jahre stand mehr und mehr im Zeichen der Ideologie, von links wie von rechts.

Die Entdeckung des Marxismus glich damals einer Offenbarung. Neue Gläubige, bis dahin ziemlich unpolitische Menschen, wähnten, inmitten einer Welt der Unwissenheit und Lüge mit Hilfe einiger Schlagworte und Formeln die Triebkräfte der Gesellschaft analysieren und daraus Schlüsse ziehen zu können, wie die Welt revolutionär verändert werden müsse. Das galt sowohl für Arbeiter als auch für Künstler.

Auch Brecht meinte, inmitten der Willkür Gesetze zu entdecken: die Kapitalakkumulation, die Erzeugung des Mehrwerts, die Entstehung der Entfremdung, das Wirken antagonistischer Klassengegensätze – und für sich selbst an der Seite der Entrechteten eine dichterische Möglichkeit, die bestehenden Zustände überzeugend anzuklagen und für eine friedliche und freundliche, beherrschbare, vernünftige, gerechte Welt zu werben.

Der Kapitalismus, Auslöser von Krisen, Kriegen, Katastrophen, schien dem Ende nah, als im Oktober 1929 mit dem Börsenkrach an der New Yorker Wall Street die Weltwirtschaftskrise begann. Die Wirklichkeit, so schien es, bestätigte die Theorie.

Bis 1932 stieg die Zahl der Arbeitslosen in Deutschland auf sechs Millionen an. Bettler, Prostituierte und Obdachlose säumten reihenweise die Straßen. Menschen fielen vor Erschöpfung um. Andere wurden verhungert in ihren Wohnungen gefunden. Wer stempeln gehen oder von der Fürsorge leben musste, konnte für die Ernährung seiner Kinder täglich höchstens dreißig, vierzig Pfennige ausgeben. Das reichte nicht. Die Tuberkulose nahm zu, die Kriminalität stieg, die Zahl der Selbstmorde erreichte nie geahnte Höhen, und trotzdem wurde die Unterstützung weiter reduziert.

Berliner Gaststättenunternehmer erfanden das «Mittagessen auf Teilzahlung». Nur ein Viertel des Preises musste gleich beglichen werden, der Rest konnte abgestottert werden. «Schaurige Welt, kapitalistische Welt, und immer die Gegenbewegungen», das sei schon so im alten Ägypten und Babylon gewesen, meinte ganz unmarxistisch Gottfried Benn. Jetzt strömten immer mehr Verzweifelte den radikalen Wechsel verheißenden Parteien zu: Anhänger von NSDAP und KPD lieferten sich Straßenschlachten in Berlin. Die Gegner gingen mit Latten, Messern, Schlagringen und Knüppeln aufeinander los. «Rotfront!» «Heil Moskau», so riefen die einen, und die anderen «Deutschland erwache», «Juda verrecke» und «Heil Hitler».

Mitten in diesem Elend, wenngleich nicht von ihm betroffen, so doch von ihm berührt, näherten sich die Brechts der Kommunistischen Partei. Beide fühlten sich als Teil jener linken Subkultur, deren alternatives Angebot zur «bürgerlichen» Kultur von Sozialdemokraten schon im Kaiserreich begründet worden war und nun, in Konkurrenz zu diesen, von der KPD ausgebaut und zu einem Gutteil ihrer Propaganda und Agitation (Agitprop) nutzbar gemacht wurde.

Kommunistische Funktionäre, unterstützt von aktiven Arbeitern und kleinen Angestellten, drängten den Einfluss der Sozialdemokraten in traditionsreichen Organisationen wie dem Arbeiter-Theater-Bund zurück oder schufen Parallelorganisationen zu den vorhandenen. In einer ganz eigenen, abgeschlossenen Welt lebten damals Arbeiter-Fotografen, Arbeiter-Athleten, Arbeiter-Schützen, Arbeiter-Wasserwanderer und andere Sportler. Es gab einen proletarischen Volksfilm-Verband, die sozialdemokratische Büchergilde Gutenberg und die kommunistische Buchgemeinschaft «Universum-Bibliothek für Alle». Der Arbeiter-Chor Groß Berlin warb: «Arbeiter, Bauern, / nehmt die Gewehre, / nehmt die Gewehre zur Hand», und die kommunistische Gruppe «Roter Wedding» eröffnete ihr Programm mit dem Auftrittslied: «Links, links, links, links! Die Trommeln werden gerührt! … Der Rote Wedding marschiert!»

Während die sozialdemokratischen Mitglieder der alten Theatervereine wie «Thalia», «Heideröschen» und «Blaue Veilchen» dem Geschmack ihres Publikums entsprechend häufig Schwänke und Possen spielten, um die Menschen von den Alltagssorgen abzulenken, sollten KPD-Gruppen wie die «Roten Raketen» «die dunkle Nacht des Kapitalismus erhellen» und zum Klassenkampf aufrufen. Der Sohn des KPD-Mitbegründers Wilhelm Pieck verstieg sich zu der Drohung, wer die Arbeiter mit Unterhaltungsstücken und bürgerlichen Operetten von ihrem revolutionären Ziel ablenken wolle, sei ein Klassenfeind. Wichtig sei hingegen «kollektives Zusammenwirken zur Durchführung der propagandistischen Idee». Man sprach schon damals jenen Parteijargon, den die Bürger der DDR fünfzig Jahre später in den Zeitungen lesen und im Rundfunk hören sollten.

Als Vorbild der deutschen Agitprop-Gruppen galten die auch in Deutschland gastierenden Moskauer «Blauen Blusen», Mitglieder einer sowjetischen Kleinkunstbühne, die darstellen wollten, woran man «die schädliche Wirkung des Trotzkismus» erkennt, wie ein Arbeiter die Trunksucht bekämpft oder einen «Zweifler an der großen Sache des Kommunismus» bekehrt. Es genügte damals, von den hehren Zielen des Kommunismus und der Sowjetunion zu sprechen, um die Genossen Zuschauer in helle Begeisterung zu versetzen.

Den «Blauen Blusen» nacheifernde «Rote Blusen» und ähnliche Gruppen versuchten abwechselnd, in kabarettistischen Kurzszenen, mit Gedichten, Liedern, Pantomimen und abendfüllenden politischen Revuen die proletarischen Massen in ihrem Glauben an die Weltrevolution zu stärken und bisher Abseitsstehende zu ermutigen, gemeinsam mit der KPD für eine deutsche Sowjet-Republik zu kämpfen.

Man zeigte sein Programm in Fest- und Theatersälen im Berliner Norden, in der Hasenheide und in Lichtenberg, auf Straßen und Plätzen sowie auf KPD-Versammlungen, transportierte Bühnenbilder und Garderobe auf Handwagen zu den Auftrittsorten und spielte in stilisierter Arbeitskleidung oder auch in rotseidenen Gewändern vor einer riesigen Landkarte der UdSSR, die in ein übergroßes Leninbild montiert worden war. Der Schauspieler und Sänger Ernst Busch kam als Arbeiter auf die Bühne, kehrte Stahlhelme zusammen und sang dazu: «Das hat mal auf einem Koppe gesessen! Und dafür gab man dem Kopp

39

was zu fressen! – Kommt alles untern Besen! Kommt alles untern Besen!» Der Schauspieler Erwin Geschonneck hat diese ziemlich heile Welt gläubiger Kommunisten in seinen Memoiren beschrieben.

Mit der ihr eigenen Begeisterungsfähigkeit und ihrem Tatendrang nahm Helene Weigel an diesem Leben teil. Im September 1928 erklärte sie vor dem Amtsgericht ihren «Austritt aus dem Judentum», und um 1930, so genau wusste sie das später selbst nicht mehr, wurde sie, wie übrigens auch Elisabeth Hauptmann, Mitglied der Kommunistischen Partei.

Ihre überschwängliche Parteilichkeit war schon bei der Premiere von «Happy End» aufgefallen. Unerwartet für alle anderen Beteiligten stürmte sie kurz vor dem Finale auf die Vorderbühne und schrie mit gellender Stimme politische Parolen in das Publikum. Die Leute buhten, pfiffen, trampelten, die Polizei musste gerufen werden. Der angewiderte Kerr befand: «Dies war das Übelste. Dies war das Allerübelste!»

In der KPD ließ sich die Genossin Helli sogar als Zehnergruppenkassiererin einsetzen. Doch ihre Hauptaufgabe sah sie darin, in Versammlungen und auf Kundgebungen aufzutreten, meistens um zu rezitieren oder politische Lieder vorzutragen: Zusammen mit Ernst Busch, Hanns Eisler und Lotte Lenya auf einer KP-Kundgebung im Sportpalast, auf der der Berliner Bezirksleiter der KPD, Walter Ulbricht, sprach und die mit einem «Fahneneinmarsch sämtlicher Partei-Einheiten» begann. Oder auf einer Versammlung zum Thema «Kopfarbeiter, was bringt euch das dritte Reich», auf der der Schriftsteller Manès Sperber für die Psychologen und Pädagogen und Helene Weigel für die Schauspieler, Musiker und Filmleute sprachen.

Kein Theater war den Rührigen zu klein, keine Arbeiterkneipe zu entlegen, um auch mit Brecht/Eislers «Wiegenlieder einer Arbeitermutter» für jene Politik zu werben, an die sie glaubten.

Blieb bei so viel Anspannung überhaupt noch Zeit für harmlose Vergnügen? Gab es wenigstens irgendwann mal einen Abend, an dem Helli und Bert Lust verspürten, wie andere junge Leute irgendwo zu tanzen, bei ihm, bei ihr, in irgendeiner Bar? Brecht tanzte rhythmisch exakt, musikalisch, verloren an die Bewegung, mit versunkenem Gesicht. Zuckmayer hat es beschrieben. Hat Helli es erlebt? Man wünscht es ihr.

Wenngleich im Temperament zurückhaltender und ohne in die KPD einzutreten, engagierte sich auch Brecht. An der Marxistischen Arbeiterschule (MASCH), einer Art Volkshochschule der KPD, wo Weigel das Fach Sprecherziehung unterrichtete, diskutierte er über den Realitätsgehalt seiner Stücke und deren Wirksamkeit. Gerade von Menschen aus der Arbeitswelt glaubte er, mehr lernen zu können als von Kritikern und kunstbeflissenen Bürgern.

Hanns Eisler, dem Komponisten und neuen Freund, fiel auf, dass das Ehepaar nie ein Wort über seine bürgerliche Herkunft fallen ließ; ihm kam es vor, als schäme es sich dieser. Dabei genügte ein Blick in die Wohnungen, auf die Möbel mit den eingeschliffenen Kanten, eingelegten Türen und den abgesetzten Fächern, um sogleich zu wissen: So einen erlesenen Geschmack, so viel Sinn für Stil erwirbt man weder in Mietskasernen noch in den kleinbürgerlichen Kinderstuben von Kreisausschusssekretären oder Kolonialwarenhändlern. Der Schriftsteller Johannes R. Becher, schon seit langem in der KPD, bezeichnete denn auch seinen Kollegen Brecht 1931 noch als einen «bürgerlichen» Autor und wird ihn erst vier Jahre später, 1935, zu jenen zählen, «die unserer großen revolutionären Sache dienen und … imstande sind, die außerordentlich schwierigen Probleme des Klassenkampfes in der Periode des Imperialismus» darzustellen.

Aber schon in der Weimarer Republik war für die Brechts wie für andere gleich gesinnte Bürger mit den proletarischen Massen ein neuer Held in die Geschichte eingezogen, der diese revolutionär verändern würde. Sie täuschten sich sowohl über die Stärke dieser Massen als auch über ihre Sehnsüchte und Träume. Nur ein kleiner, wenngleich aktiver Teil der Arbeiterschaft glaubte an die Unvermeidbarkeit des Klassenkampfes und den Sieg der proletarischen Revolution. Auch eine sozialistische Lebensführung war nur Sache einer Minderheit. Die Mehrheit zeigte sich in Geschmacksfragen alles andere als avantgardistisch. Sie wollte das private kleine Glück, Sicherheit, Häuslichkeit. Schnulzen waren ungleich beliebter als Agitprop. Viele träumten einfach nur von einem vollen Magen.

Vor allem aber: Angesichts der schweren Krise wandten sich die Massen weniger den Linksradikalen als den Rechtsradikalen zu. Erstaunlich hellsichtig schrieb Walter Benjamin, ebenfalls ein Freund der Brechts, schon im Oktober 1931: «Denn allem Anschein nach sind die faktisch von den Massen der Arbeitslosen Delegierten bei uns die Nationalsozialisten; die Kommunisten haben bisher den notwendigen Kontakt mit diesen Massen und damit die Möglichkeit einer revolutionären Aktion nicht gefunden.» Bei den Reichstagswahlen 1930 hatte sich die Anzahl der Abgeordneten der NSDAP von bisher zwölf auf hundertundsieben erhöht, die der Kommunisten hingegen nur auf siebenundsiebzig.

Aber diesen Hitler und die Seinen an der Macht – das konnte sich damals kein vernünftiger Mensch vorstellen. Brecht und Weigel glaubten an die Erziehbarkeit, an die Erkenntnisfähigkeit der Massen. Durch ihre Kunst, ein marxistisch-leninistisches Weltanschauungs- und Lehrtheater, wollten sie die proletarische Revolution vorantreiben helfen.

Brechts Lehre vom epischen Theater folgend, sollte die Trennung zwischen Spielenden und Zuschauenden aufgehoben werden; die Zuschauenden sollten mit Hilfe der Spielenden erkennen lernen, welche Verhältnisse bestanden und wie sie verändert

Wie kann ein Dichter dazu beitragen, die Welt so zu verändern, wie es Marx und Lenin lehrten? Mit Stücken wie «Die Maßnahme» und «Die Mutter» verschrieb sich Brecht in den letzten Jahren der Weimarer Republik dem ideologisch bestimmten Lehrtheater, um die erhoffte proletarische Revolution voranzutreiben. Mit der «Mutter» wurde Helene Weigel zur wichtigsten und eindrucksvollsten Interpretin seines neuen epischen Theaters auf der Bühne.

werden konnten. Während Helene Weigel in solchen Lehrstücken Hauptrollen übernahm, wirkte Brecht nicht nur als Autor, sondern manchmal auch als Regisseur. Der Schauspieler Rudolf Fernau hat das miterlebt: «Wenn er hinter seiner Nickelbrille mit gefalteten Händen wie versenkt dasaß und wie ein Jäger im Halbdämmer der Bühne sein Wild beobachtend verfolgte, bot er den Anblick eines geheimnisvollen Emissärs. Er ging sofort immer in die Auseinandersetzung, und wenn er mit pedantischer Genauigkeit auf der Vollstreckung seines wissenschaftlich epischen Theaters bestand und jeden Satz mit hochgepeitschter Stimme und angewinkelten Armen taktförmig unterstrich, dann glich er dem Büchnerschen Todesengel St. Just, der vor dem Convent seine Dogmen fallbeilartig auf die erschauernden Rücken der Deputierten niedersausen läßt. Brechts Gesicht war dann von einer beinahe lustvoll intellektuellen Grausamkeit umfunkelt ... Oft aber auch ähnelte er der spindeldürren Statur seines großen Vorbildes Karl Valentin, dann konnte es auch passieren, dass er in vehementer bayrisch-barocker Spiellaune alle seine Theorien vom Tisch fegte und sich urwüchsiger Klamottenseligkeit hingab. Überhaupt machte er den Eindruck eines vielschichtigen, sympathisch und unheimlich schillernden Chamäleons, das uns faszinierend verhexte.»

Das umstrittenste seiner damals entstandenen Lehrstücke war «Die Maßnahme». Es wurde im Dezember 1930 uraufgeführt. Besondere Bedeutung in diesem Bühnenwerk wie auch später in der «Mutter» kam nicht nur dem Tandem Bertolt Brecht/ Hanns Eisler zu, dem Autor und dem Komponisten, sondern auch den Interpreten Helene Weigel, Ernst Busch und Alexander Granach.

Wenige Monate nachdem sie sich im Winter 1929/30 in Berlin kennen gelernt hatten, begannen Brecht–Eisler gemeinsam an der «Maßnahme» zu arbeiten. Der kleine rundliche und glatzköpfige Wiener mit der krächzenden Stimme, den über-

sprudelnden Ideen und dem unnachahmlichen Wortwitz, ein
Schüler Arnold Schönbergs und Komponist proletarischer
Kampfmusik mit einfachen, mitreißenden Melodien, erschien
jeden Vormittag von neun bis ein Uhr in Brechts Wohnung.
Während der Autor die Texte schrieb, komponierte Eisler die
monumentalen Chöre wie «Lob der UdSSR», «Lob der illegalen Arbeit» und «Lob der Partei».

Busch, der «Barrikaden-Tauber», wie ihn Bewunderer nannten, und Helene Weigel spielten in dem Stück zwei der vier Agitatoren, die sich vor einem Parteigericht verantworten. Auf ihrer
Mission nach China haben sie einen jungen Genossen getötet,
der sich wie sie verpflichtet hatte, sein Gesicht auszulöschen,
nicht mehr er selbst zu sein, sondern ein leeres Blatt, auf welches
«die Revolution ihre Anweisungen schreibt». Doch dieser hatte
die Selbstverleugnung nicht durchgehalten, hatte mitleidsvoll
versucht, misshandelten Kulis beizustehen. Man hatte ihn ge-
warnt: «Verfalle aber nicht dem Mitleid!!», und trotzdem hatte
er in seiner Empörung am falschen Ort, im falschen Augenblick
versucht, Fabrikarbeiter zum Streik zu bewegen, und damit die
Parteimission gefährdet. «Er wollte das Richtige und tat das Falsche.» Deshalb hatten die anderen beschlossen, ihren Genossen
zu liquidieren und seine Leiche in eine Kalkgrube zu werfen –
nicht ohne «im Interesse des Kommunismus» vorher das Einverständnis des Opfers einzuholen.

«Wir sind einverstanden mit euch», entschied das Parteigericht, «... eure Arbeit war glücklich.» Denn: «Wer für den
Kommunismus kämpft, der muß kämpfen können und nicht
kämpfen; die Wahrheit sagen und die Wahrheit nicht sagen ...
sich in Gefahr begeben und die Gefahr vermeiden; kenntlich
sein und unkenntlich sein. Wer für den Kommunismus kämpft,
hat von allen Tugenden nur eine: dass er für den Kommunismus
kämpft.»

Der Zarte rücksichtslos, der Elegante plump, der Empfindsame verbohrt, der Einzelgänger als Parteigänger, der Dichter als Interpret leninscher Dogmatik!

Hanns Eisler hat berichtet, wie begeistert Brecht damals von Lenin war, von seiner Prinzipienfestigkeit, verbunden mit Schlauheit, mit wendiger Taktik, wenn nötig auch mit Grobheit und List. In seinem Gefolge versuchte Brecht zu zeigen, dass Aufruhr und soldatische Disziplin, Rebellion und Gehorsam, für «die Sache» kämpfend, zwei Seiten einer Medaille seien, dass, wer Menschlichkeit erkämpfen wolle, sich vor Unmenschlichkeit nicht scheuen dürfe. Nur begriff der Dichter damals so wenig wie Lenin, dass gerade hier die Ursache des Verfalls lag. An diesem Grundsatz scheiterte der Kommunismus. Die Bereitschaft, im Namen der Menschlichkeit Menschenopfer in Kauf zu nehmen, zerstörte die Idee. Oder um es mit Karl Marx zu sagen: «Ein Zweck, der unheiliger Mittel bedarf, ist kein heiliger Zweck.»

Verständlicherweise war die Parteiführung der KPD alles andere als glücklich über diese eindeutige Interpretation bolschewistischer Prinzipien. Während sie täglich um das Vertrauen der Massen warb, veranschaulichte einer ihrer Sympathisanten auf der Bühne, wie die Partei angeblich mit jungen Idealisten umzugehen gedachte, die sich ihr eigenes Gesicht nicht nehmen lassen und der Parteidisziplin nicht unterwerfen wollten. In der «Roten Fahne» erschien eine geharnischte Kritik. Danach durfte «Die Maßnahme» auf Weisung des Autors und seiner Erben über vierzig Jahre nicht aufgeführt werden.

Unumstritten, jedenfalls in der kommunistischen Presse, war gut ein Jahr später die Aufführung von Gorkis «Mutter» in der dramatischen Version von Brecht. Kein anderes Stück hat Helene Weigel und Bert Brecht in diesen Jahren so verbunden wie dieses. Es festigte und bereicherte ihre Arbeitsgemeinschaft; sie taugte für ein ganzes Leben. Doch verbindet sich mit diesem Stück auch der Beginn jener ersten schweren Ehekrise, die Helene Weigel an Trennung denken ließ.

Wieder arbeitete Brecht mit Eisler zusammen. Wieder standen im Mittelpunkt der Handlung Busch–Weigel; Heli als Pelagea Wlassowa, Ernst Busch als ihr Sohn, ein junger Proletarier namens Pawel, der seine fromme Mutter überzeugt, Barmherzigkeit, Hilfe für die Armen könnten nur in den Reihen der Kommunisten verwirklicht werden. Während Pawel im illegalen Kampf verhaftet wird, steht Pelagea Wlassowa zwischen ihren Genossen, im Arm die rote Fahne, und schreitet der Partei voran.

Da das Stück häufig vor Betriebsräten, KPD-Mitgliedern und Vertretern ihrer Verbände in den verschiedensten Berliner Arbeitervierteln gezeigt werden sollte, hatte Brechts Jugendfreund Caspar Neher ein einfaches Bühnenbild entworfen, das in einem kleinen Auto transportiert, nach dem Vorbild der Agitprop-Gruppen überall schnell auf- und wieder abgebaut werden konnte.

Nicht selten wurden die Aufführungen durch die Polizei behindert. Einmal hieß es, die feuerpolizeilichen Bedingungen seien nicht erfüllt, dann wieder, das Stück müsse als propagandistische Vorbereitung eines bewaffneten Aufstandes verstanden und eine Aufführung deshalb verboten werden. Während Helene Weigel und andere Mitwirkende auch schon mal festgenommen und verhört wurden, zog sich Brecht vorsichtig auf die Sonderrolle des genialen Einzelnen und seiner besonderen Schutzbedürftigkeit zurück. Doch war er stolz darauf, dass seine Truppe in das Blickfeld der Polizei geriet; so etwas wie Revolutionsromantik kam auf.

Die rechtsradikale und die konservative Presse taten «Die Mutter» als «allerrotestes Parteitheater» ab, die kommunistischen Zeitungen begrüßten Brecht als Dramatiker der Arbeiterklasse. Aber selbst Rezensenten, die, wie Alfred Kerr, die «schlappe Inhaltslosigkeit» des Stückes rügten, feierten die Hauptdarstellerin: «Sie ist einfach herrlich: in Mildheit, Zähheit, dazwischen

Freundlichkeit; rechtens entfernt von allem Heldentum, eine Arbeiterfrau, irgendeine Hoffnung aus der Masse, bloß eine Nummer ... und doch ... Es gibt kaum Schöneres.» Und ein so politisch unabhängiger und bedeutender Kritiker wie Alfred Polgar, nicht gerade ein Freund des epischen Theaters, feierte die Weigel als «überlegene Dialektikerin». Je älter sie im Lauf des Stückes werde, desto jünger wirke sie und werde dabei immer besser.

Seit 1928 war Helene Weigel jedes Jahr in einem Brecht-Stück aufgetreten. Bei den Proben zu «Mann ist Mann» hatte sich Brecht bei ihr mehr eingemischt als bei den übrigen Schauspielern, oft nicht sehr freundlich und ständig Einzelheiten kritisierend selbst dann, wenn er grundsätzlich einverstanden war. Es war nicht immer einfach mit ihm. Nie sagte er: «Das gefällt mir», höchstens: «Jetzt hast du's gepackt.»

Auch in der Besetzung der Pelagea Wlassowa mit seiner Frau hatte er zunächst ein Risiko gesehen. Aber je länger die Proben fortschritten und je näher die Aufführung heranrückte, umso mehr überzeugten ihn der Humor, die Freundlichkeit, Lebensklugheit und Wärme, die Helli in die Rolle legte. Geradezu überrascht von ihrem Spiel, lobte er das Einfache, Natürliche, auch, wie das Wort stärker durch das Mimisch-Gestische als durch die Stimme seinen Sinn gewann. Sie spielte die Wlassowa so, wie er sie vor Augen hatte.

Von da an lenkte Brecht ihre Begabung ganz in diese Richtung, eben auf den Mutter-Typ, der in der Frau Carrar, der Courage und der Volumnia wiederkehren sollte. Doch zeigte sich zugleich, dass beide aneinander wuchsen. Sie brauchte ihren Mann als Regisseur und Autor jener Rollen, die er ihr fortan auf den Leib schrieb. Er nahm sie als Modell für seine archetypischen, holzschnittartigen Frauengestalten: Mütter, zupackend und mutig, hart, gütig und verlässlich, Brechts Diktion, die rührungslose Eigenheit seiner Sprache, wenn nicht prägend, so doch verstärkend.

Und was für das Theater galt, galt auch für die Politik. Über Jahrzehnte hinweg wird sie, dem praktischen Leben ungleich zugewandter als ihr Mann, bestimmt von einer Parteilichkeit, die er sich selbst verbot, den stärksten Einfluss auf seine Überzeugungen und sein politisches Verhalten ausüben. Sie wird Zweifel abzuschwächen wissen, die Bindung an den Kommunismus, an die berühmte «Dritte Sache», als Gemeinsamkeit lebenslang verteidigen: «Wie nahe waren wir uns, dieser Sache/Nahe. Wie gut waren wir uns, dieser/Guten Sache nahe», heißt es in der «Mutter».

Brecht liebte es, sich in der Gesellschaft von Kollegen und Freunden zu entspannen und auch anregen zu lassen. Man traf sich in Künstlerlokalen wie Schwanneke, Schlichter und häufig im Romanischen Café, und sobald sich der Dichter an einen Tisch gesetzt hatte, wurde er dort zum Mittelpunkt, zur wichtigsten Person.

Zu denen, die Brecht dort begegneten, gehörte auch der junge Dichter Elias Canetti. «Unter seinem Blick fühlte man sich wie ein Wertgegenstand, der keiner war», schrieb Canetti später, «und er, der Pfandleiher, mit seinen stechenden schwarzen Augen, schätzte einen ab. Er sagte wenig, über das Ergebnis der Schätzung erfuhr man nichts. Unglaublich schien es, daß er erst dreißig war, er sah nicht aus, als wäre er früh gealtert, sondern als wäre er immer alt gewesen.»

Obgleich dieser «Pfandleiher» Canetti unsympathisch war, von Brechts Gedichten war er hingerissen. In «Staub und Asche versank», was er selbst geschrieben hatte, «es war einfach nicht mehr vorhanden, nichts blieb davon übrig ...»

Wer nicht zu seinem Kreis gehörte oder nicht dazugehören wollte, mokierte sich über seine «Verkleidung» und behauptete, Brecht stilisiere sich als Bürgerschreck. Seine jetzt lederne

Schirmmütze erinnere an Lenins Kopfbedeckung, er trage Lederjacken wie die Politkommissare in sowjetischen Propagandafilmen, allerdings mit maßgeschneiderten Hemden aus echter Seide darunter.

Unbeirrt von solchen hämischen Flüsterern hockte Brecht, zuweilen sicherlich auch Weigel, zusammen mit Schauspielerfreunden wie Fritz Kortner, dem Regisseur Piscator, George Grosz, dem Maler, zusammen mit dem Boxer Samson-Körner, denn er unterhielt sich gern mit Leuten, die nicht zum Fach gehörten. Wenn Grosz etwas getrunken hatte, hielt er gelegentlich zündende Reden auf die Weltrevolution, und zwischen dem seltsamen Gemisch von Gangsterjargon, Soldatendeutsch und Revoluzzersprache, dessen sich der modisch-elegante Grosz dabei bediente, hörte man das dünne, meckernde Lachen Brechts.

Ihrer aller Herz schlug links, was damals noch verbunden war mit einer romantisch-verklärten Amerikabegeisterung. Amerika mit seinen kühnen Wolkenkratzern, der modernen Technik und dem Jazz, der Volksmusik der Schwarzen, galt als Kontinent der Zukunft. Man applaudierte Charlie Chaplin, bewunderte Hollywoodfilme, las Jack London, Upton Sinclair, Dreiser und Dos Passos. Brecht begeisterten die aktive amerikanische Lebenshaltung, die reiche Konsumwelt, das Nüchterne, Unsentimentale und vor allem Autos, Autos. «Für nichts verriet Brecht so viel Zärtlichkeit wie für sein Auto», behauptete Elias Canetti.

Seit 1928 wohnte er in der Hardenbergstraße, auf halbem Weg zwischen Schiller- und Renaissance-Theater, wiederum in Reichweite des Kurfürstendamms und der Gedächtniskirche. Auch hier: ein gastfreundliches Haus. Brecht liebte das, er war auf das Gespräch mit Vertrauten angewiesen. Es wurde gefachsimpelt, Brecht warf Fragen auf, ließ seine Augen über die Besucher spazieren und wartete auf ihre Reaktion. Oberflächliche Plaudereien waren ihm verhasst, denn er war wissensdurstig und wollte immer etwas lernen, was ihm bei seiner Arbeit weiterhel-

Bertolt Brechts beispielloser Erfolg zwischen 1928 und 1933 ist nicht denkbar ohne die Zusammenarbeit mit dem Komponisten Kurt Weill und dessen Ehefrau, der Schauspielerin und Sängerin Lotte Lenya. Am 31. August 1928 wird im Berliner Theater am Schiffbauerdamm «Die Dreigroschenoper» uraufgeführt. Brecht hat nach einer alten englischen Vorlage das Textbuch geschrieben, Weill die Musik. Lotte Lenya singt die Jenny.

Durch die Hinwendung Brechts und seiner Frau zum Kommunismus entfremden sich die beiden Paare. Weill und Lenya emigrieren nach New York; Weill wird dort 1950 sterben. Brecht und Lenya sehen sich noch einmal vor dem Tod des Dichters in Ost-Berlin.

fen konnte. Wenn ihm etwas nicht präzise genug formuliert erschien, fragte er hartnäckig nach. Redete einer dumm daher, reagierte er mit einer bösartigen Schärfe, die andere Gesprächsteilnehmer erschreckte. Unduldsam war auch die Weigel; Geschwätz ertrug sie nicht.

Wer war denn alles da? Außer den schon genannten Freunden aus den Künstlerlokalen und Cafés natürlich «Cas», der Bühnenbildner Caspar Neher, ein hoch gewachsener, kräftiger, blonder Mann mit einem knochigen Gesicht und einer Stahlbrille, wie B. B. sie trug. Natürlich Bess Hauptmann und Carola Neher. In einer Ecke saß ein kleiner, an Haarausfall leidender Herr mit wachen, feurigen Augen hinter einer dicken Brille, der mit leiser, metallener Stimme sprach: Kurt Weill, der Komponist der «Dreigroschenoper». Neben ihm Lotte Lenya, seine Frau mit dem Pferdegesicht, Charme und sehr viel Sexappeal, berühmt geworden als Seeräuber-Jenny. Ihr Mann überschüttete sie mit ausgefallenen Kosenamen wie «Tütilein» oder «Rehbeinchen». Den Brecht mochte die Lenya nicht sonderlich, sie verdächtigte ihn, ihren Mann bei der Aufteilung der Tantiemen übers Ohr zu hauen.

Ein größerer Gegensatz als zwischen Brecht und Weill ist kaum vorstellbar. Den Komponisten muss man sich als einen gepflegten, zurückhaltenden, bedachtsamen, ja sanften Herrn mit guten Manieren vorstellen, alles andere als ein militanter Linker. Aber beide band die erfolgreiche Absicht aneinander, den bisherigen Theater- und Opernbetrieb aufzubrechen und ein neues Genre zu schaffen, das den veränderten Lebensäußerungen ihrer Zeit entsprach. Erst als Brecht sich immer stärker der Politik verschrieb und das Ehepaar Weill, laut Lenya, sich an seiner «ebenso dogmatischen wie diktatorischen politischen Überzeugung» stieß, endete die Zusammenarbeit. «Aufstieg und Fall der Stadt Mahagonny» bezeichnet Gipfel und Ende. Jetzt wurde Eisler ungleich wichtiger für Brecht als Weill.

Auch Brecht und Walter Benjamin unterschieden sich in ihrer Lebensart und ihrem Wesen. Schnell stellte sich heraus, dass der stille, feinfühlige und verträumte Benjamin in der Politik, bei aller Übereinstimmung im Prinzipiellen, ausgewogener, vorsichtiger und weitsichtiger als Brecht zu urteilen verstand. Verwandt war er in einem anderen Punkt. Auch er kam aus einem vermögenden Haus, aus dem Berliner Westen, und hatte sich aus Protest gegen die bürgerliche Welt dem Kommunismus angenähert, jedoch eher als linker Außenseiter, ein militanter Parteigänger der KPD war er nicht.

Mit wem das Ehepaar wo immer auch zusammentraf – Zeitzeugen und Biographen haben fast ausschließlich von Brechts, nicht von Weigels Freunden berichtet; im besten Fall waren es gemeinsame. Helli hatte weniger Zeit als er, Geselligkeit zu pflegen. Sie musste sich um die kleinen Kinder kümmern und hatte ungleich mehr Verpflichtungen. Wem sich Helene Weigel anvertraute, bei wem sie Trost und Rat einholen konnte – das bleibt unbekannt.

Trost und Rat wurden gebraucht, als ‹Die Heilige Johanna des Proletariats› in Gestalt der Margarete Steffin in der Hardenbergstraße auftauchte: eine zarte, lebhafte, ja lebenshungrige, aber auch ein wenig verträumt wirkende, tuberkulosekranke junge Frau, mit einem blonden Bubikopf, die Brechts Gefallen allein schon deshalb fand, weil sie ein «richtiges» Arbeiterkind war, die Tochter einer Näherin und eines Bauarbeiters.

Eigentlich schwärmte Grete wie viele ihrer Genossinnen für den «Barrikaden-Tauber», den netten, blonden, forschen Busch. Als sie Brecht zum ersten Mal begegnete, fiel er ihr eigentlich kaum auf. Er trug einen schäbigen Anzug, seine Haare hätten dringend geschnitten werden müssen, und während er mit anderen sprach, nahm er nicht einmal die Mütze ab. «So, dachte ich, das ist also Brecht? Na, dem scheint es ja nicht gut zu gehen, hat wohl nichts mehr übrig von seiner Drei-Groschen-Oper.» Brecht war der Grete nicht höflich und adrett genug.

Die Weigel hatte sie schon früher kennen gelernt. Seit sie ihre Arbeit als Kontoristin wegen ihres Engagements für die KPD verloren hatte, verbrachte Margarete Steffin ihre meiste Zeit als Laiendarstellerin in Agitprop-Gruppen und hatte deshalb auch Sprechkurse der Weigel in der MASCH besucht. Zusammen mit ihr wirkte sie im Winter 1931 in der «Roten Revue» «Wir sind ja sooo zufrieden» mit, und Brecht, der sie dort sah und offensichtlich beeindruckt von ihr war, bot Margarete Steffin die Rolle des Dienstmädchens in der «Mutter» an.

Bald fiel allen auf, wie intensiv sich Brecht während der Proben mit der Steffin beschäftigte. Lag es daran, dass sie, wegen ihrer Krankheit in einer Lungenheilstätte in der Umgebung Berlins versorgt, von dort immer geholt und wieder zurückgebracht werden musste? Oder suchte Brecht, bekannt für plumpe Annäherungsversuche, wieder mal ein Techtelmechtel?

Offenbar rührte ihn das Schicksal dieser blassen jungen Frau, und ihm gefiel ihr spröder Charme; er wollte sie fördern und beschützen. Die Steffin war ehrgeizig und intelligent sowie äußerst wissbegierig. Alles, was sie wusste, hatte sie sich selber angeeignet, und das war nicht wenig. Diese «prachtvolle Genossin», wie sie Eisler nannte, interessierte sich für Literatur, das Theater, für Kunst und Sprachen. Wenn nicht im Krankenhaus oder einem Sanatorium, lebte sie mit ihrem trunksüchtigen Vater, der verhärmten Mutter sowie einer Schwester in zwei kleinen Stuben, und ihre Hoffnung auf ein menschenwürdiges Dasein war gering.

Brecht beschloss, über die «Mutter»-Aufführung hinaus, sich um Margarete Steffin zu kümmern. Sicherlich fand sich in dem im Frühjahr 1932 gedrehten Film «Kuhle Wampe», wiederum einer Gemeinschaftsarbeit von Brecht–Eisler, wiederum mit

«Es ist so komisch, richtig lachen u. mich benehmen wie jemand, der völlig unbekümmert ist, das wage ich nie in Deiner Gegenwart», schrieb M. Steffin 1934 an Brecht.

Während der Proben zu «Die Mutter» verliebt sich der Autor in die Laienschauspielerin Margarete Steffin, eine tuberkulosekranke junge Frau, die den Bürger Brecht allein schon dadurch fasziniert, weil sie ein «richtiges» Arbeiterkind, die Tochter einer Näherin und eines Bauarbeiters, ist. Die bildungshungrige und gescheite Kommunistin repräsentiert für ihn jene revolutionären Massen, auf deren weltverändernde Kraft er zeit seines Lebens setzt. Sie wird seine enge Mitarbeiterin und Geliebte, und Brecht setzt durch, dass sie der Familie ins skandinavische Exil folgt. Im Juni 1941 stirbt sie in Moskau.

Helene Weigel und Ernst Busch, auch irgendeine Aufgabe für Grete, denn schließlich wirkten in diesem Film im Milieu einer Arbeitslosenkolonie am Berliner Stadtrand viertausend Arbeitersportler und mehrere Arbeiterchöre mit. Jeder der Akteure erhielt zwei bis drei Mark Honorar sowie Erbsensuppe mit einer Bockwurst drin.

Spätestens im Sommer 1932 muss Helene Weigel klar geworden sein, dass Margarete Steffin, die wie ein Unschuldsengel wirkte, die Geliebte ihres Mannes geworden war. Zwar musste sie immer wieder stationär behandelt werden, aber zwischendurch brachte Brecht sie in seiner Wohnung unter, lud sie in den Ferienort der Familie und das neu erworbene Landhaus am Ammersee in Bayern ein und stand ihr bei, als sie, von ihm geschwängert, sich zu einer Abtreibung entschloss, die, nach zwei vorangegangenen aus der Zeit vor Brecht, ihre Gesundheit weiter schwächte.

Helli ist empört; sowohl über die Geschmacklosigkeit, die Geliebte zu sich in die eigene Wohnung zu nehmen, als auch über die Gleichgültigkeit gegenüber den Kindern, deren Ansteckung sie fürchtet. Sie macht Brecht heftige Vorwürfe; nur drei Jahre nach der Heirat denkt sie erstmals an Scheidung. Brecht gibt zwar deutlich zu verstehen, dass er nicht an Trennung denke, sondern die Ehe aufrechterhalten wolle. Aber seine Reaktion auf die Vorwürfe seiner Frau zeugt von Rohheit und Kälte.

Einerseits versichert er, Helli gern zu haben «und nicht weniger als je». Gleichzeitig verbittet er sich Vorhaltungen: «Viel lieber wäre es mir gewesen und viel praktischer wäre es gewesen, wenn Du [Grete] wo untergebracht hättest.» Aber dazu wäre ja immer noch Gelegenheit! Sah Helli denn nicht ein, was dabei herauskam, wenn sie nicht für seine Freundin sorgen wollte? Hatte er denn nicht ein Recht darauf, verstanden und unterstützt zu werden, anstatt mit Vorwürfen behelligt und in Konflikte hineingezogen zu werden, die er hasste!

Helene Weigel war unschlüssig, wie sie auf so viel Unverschämtheit reagieren sollte. Wie weit lag es in ihrer Macht, die Dinge zu beeinflussen? Die Situation zu ertragen, sich damit abzufinden, war womöglich das einzige Mittel, um Brecht zu behalten. Welche Möglichkeiten gab es, ohne ihn, nur für sie und für die Kinder, irgendwo einen Platz zu finden? Helli hätte nach Ingolstadt, zur Fleißer, reisen sollen. Die wusste Bescheid: «Es war merkwürdig: wer mit ihm brach, würde es nie ganz verwinden ... Und wer zu ihm hielt, wer in der besonderen Anschauung lebte von seinem Wesen und Tun, der wußte warum ... Offenbar ging er doch nicht ganz leer aus ... Er erlebte ein Phänomen. Er gewann ein Gespür für Größen. Man bekam so etwas nicht umsonst. Man mußte bezahlen dafür ...»

Aber Helene Weigel hatte schon bezahlt. Wie viel würde ihr noch abverlangt werden? Eines jedenfalls war klar: Dem Dichter, der mithelfen wollte, einen neuen Menschen zu erziehen, gelang es nicht, selbst ein neuer Mensch zu werden. Ja, er bemühte sich nicht einmal darum. Wozu auch? Das Leben war bisher gut zu ihm.

Als Hitler an die Macht kam, erwog Helene Weigel, künftig alleine mit den Kindern in der Schweiz zu leben.

III. «UNTERM DÄNISCHEN STROHDACH»

Flucht aus Deutschland

Woher nehmen die Brechts nur ihre Arglosigkeit und diesen Optimismus? Das passt doch gar nicht zu politisch engagierten Linken – jedenfalls nicht in dieser Situation!

Im Juli 1932 hat die NSDAP die Zahl ihrer Mandate mehr als verdoppeln können und zieht mit 230 Abgeordneten in den Deutschen Reichstag ein. Jetzt, da sich Hitler und die Seinen der Macht schon sicher fühlen, vergeht kaum ein Tag, an dem nicht bekannte Künstler und Intellektuelle – vor allem jüdischer Herkunft – verunglimpft werden. Theaterdirektionen und Filmgesellschaften sollen «rassefremde» und «marxistische» Schauspieler nicht mehr beschäftigen. Nationalsozialistische Zeitungen veröffentlichen schwarze Listen mit den Namen von Gelehrten, Schriftstellern und Künstlern, deren Köpfe «am Tage des Gerichts» rollen sollen. SA-Trupps dringen während der Vorstellungen in politische Kabaretts ein und warnen, dass das nationalsozialistische Deutschland ein sehr gutes Gedächtnis für die «Entgleisungen» dort haben werde. Ein «Kampfbund für deutsche Kultur» agiert gegen den «Kulturbolschewismus». Fritz Kortner gilt dem NS-Blatt *Angriff* als der «schmierigste und übelste jüdische Typ», der «je auf einer deutschen Bühne spielte».

Schon Ende 1931 hatte Lion Feuchtwanger erklärt, er und seinesgleichen erwarteten vom Dritten Reich die Ausrottung; sie müssten auswandern. Unter den Intellektuellen Berlins gewinne man den Eindruck, dies sei eine Stadt von lauter künftigen Emigranten. 1932 entschließen sich Wissenschaftler und Künstler wie der Physiker Albert Einstein, der Maler Oskar Kokoschka, der Schriftsteller Erich Maria Remarque und Brechts Freund George Grosz, vorsichtshalber den größten Teil des Jahres im Ausland zu verbringen. Der Autor der «Maßnahme» und anderer kommunistischer Lehrstücke, verheiratet mit einer Jüdin, die das Mitgliedsbuch der KPD besitzt, sieht sich hingegen nach einem Wochenenddomizil in der Nähe von Berlin um, erwirbt dann aber im August 1932 ein Gartengrundstück mit Haus und Fischteich in Utting am Ammersee. Acht Wochen später unterschreibt er zusammen mit seiner Frau einen Mietvertrag für eine Vier-Zimmer-Wohnung in der Berliner Leibnizstraße, zusätzlich zu seiner bisherigen Adresse. Doch nur ein paar Monate kann sich die Familie an den Neuerwerbungen freuen.

Am 30. Januar 1933 wird Adolf Hitler von Reichspräsident Hindenburg zum Reichskanzler ernannt. Die Nazis sind erst wenige Tage an der Macht, da wird auch schon eine Veranstaltung der Weigel, auf der sie Brecht–Eislers «Wiegenlieder» vorträgt, polizeilich abgebrochen, eine Aufführung der «Maßnahme» in Erfurt verboten. Den Verantwortlichen droht Anklage wegen Hochverrat. Wie Elisabeth Bergner und andere nicht mehr erwünschte Künstler erhält auch Brecht die Aufforderung, eine erhebliche Steuersumme nachzuzahlen. Jetzt begreift das Ehepaar, es ist an der Zeit, wenigstens die wichtigsten Papiere, Manuskripte und Entwürfe, die verschiedenen Fassungen der Stücke, Materialsammlungen, Verträge und andere Dokumente bei Freunden in Sicherheit zu bringen. Mitte Februar wird Brecht in die Privatklinik eines bekannten Arztes eingeliefert, man wird ihn am Blinddarm operieren.

Am Abend des 27. Februar brennt der Reichstag. Die Nazis lassen keinen Zweifel: Jetzt wird «abgerechnet», jetzt gibt es «kein Erbarmen» mehr. «Helli ging zu Bidi ins Krankenhaus ... und fragte nur: ‹Was nun?› Und er antwortete darauf: ‹Raus! Nichts wie raus!›» So erzählt Barbara, die Tochter. Offenbar verlässt das Ehepaar sofort das Krankenhaus und begibt sich vorsichtshalber in die Wohnung des späteren Verlegers Peter Suhrkamp. Während die Brechts tags darauf den Zug nach Prag besteigen, durchsucht die Polizei schon ihre Wohnungen. Die kleine Tochter beschützt der Großvater in Augsburg.

Erst einmal sind die Brechts in Sicherheit. Wo aber sind die Freunde, und was wird aus ihnen? Caspar Neher, Herbert Jhering und Arnolt Bronnen bleiben in Deutschland, ohne unmittelbar bedroht zu sein. Auch Elisabeth Hauptmann will zunächst in Berlin ausharren und sich um Brechts Hinterlassenschaft kümmern. Margarete Steffin ist ein paar Tage vor dem Reichstagsbrand mit Hilfe von Brecht und Eisler in ein Schweizer Sanatorium abgereist, also auch in Sicherheit. Dasselbe gilt für Eisler, von dem die Brechts noch in Berlin erfahren haben, dass er in Wien angekommen ist. Dort will er vorerst bleiben.

Im März, als er einsehen muss, dass ihm jede Arbeits- und Publikationsmöglichkeit verwehrt wird – Manuskripte werden zurückgeschickt, abschlussreife Verhandlungen plötzlich abgebrochen, Anfragen nicht beantwortet –, verlässt auch Walter Benjamin die deutsche Hauptstadt. Noch weiß er nicht, wo er im Ausland bleiben soll. Zur gleichen Zeit packen auch Kurt Weill und Lotte Lenya ihre Koffer. Zunächst getrennt – Lenya hat sich in einen anderen Mann verliebt –, dann erneut vereint, reisen sie 1935 ins amerikanische Exil. Im gleichen Jahr trifft Ernst Busch auf dem Umweg über Holland–Belgien–London in Moskau ein. Dort lebt inzwischen auch Carola Neher, die schon 1934 von den Nazis ausgebürgert worden ist. Keiner ihrer Freunde und Kollegen wird sie und ihren Mann je wieder sehen.

In Prags billigen Pensionen und Cafés trifft man überall auf Flüchtlinge aus Deutschland. Sie hocken zusammen, fragen

Neuankömmlinge nach dem Schicksal von Familienangehörigen und Kollegen, hören von immer neuen Verboten, Verhaftungen, von Folter und KZs. ‹Weißt du schon›, sagt einer, ‹Heinrich Mann hat sich noch das Reisegeld von seiner Bank geholt und schlenderte dann, in der Hand nur einen Regenschirm, zur nächsten Straßenbahn, die ihn zum Bahnhof brachte. Er achtete darauf, niemand durch besondere Eile aufzufallen. Als der Rundfunk seine Verhaftung meldete, war er schon in Straßburg.› Wieder einer, der davongekommen ist.

Anfang März verlässt das Ehepaar Brecht–Weigel zusammen mit Sohn Steff die tschechische Hauptstadt und reist nach Wien zu Hellis Vater. Die Mutter ist schon mehrere Jahre tot. Die Eltern hatten nicht gebilligt, dass ihre Tochter Schauspielerin geworden war, und der Vater begreift schon gar nicht, dass seine Tochter sich für die Kommunisten engagiert. Aber jetzt, da sie seine Unterstützung braucht, ist er für sie da und hilft. Die Flüchtlinge wohnen bei Helene Weigels Schwester Stella in der Josephstadt. Helli kann endlich die kleine Barbara wieder in die Arme schließen; eine englische Quäkerin hat sie vom Großvater in Augsburg nach Wien gebracht. Um der Familie in diesen Zeiten beizustehen, kommt auch Brechts langjährige Haushälterin Maria Hold dazu.

In den kommenden Wochen werden Brecht und Weigel, teils vereint, teils getrennt, nach einer künftigen Bleibe suchen. Er hat gehört, dass Lion Feuchtwanger, Alfred Döblin und Anna Seghers wie auch Thomas Mann in die Schweiz geflüchtet sind, und kommt mit Helli überein, sich dort nach einer Wohn- und Lebensmöglichkeit umzuschauen. Sie soll sich von Wien aus darum kümmern.

Das Frühjahr 1933 bleibt hektisch. Keiner weiß, wie es weitergehen soll. In Zürich trifft Brecht zufällig den ihm bekannten Schauspieler Kurt Kläber mit seiner Frau. Das Paar hat einen zweiten Wohnsitz in Carona, einem Bergdorf am Luganer See, übrigens nur einen Fußweg von jenem Ort entfernt, in dem Steffin in einer Heilstätte für minderbemittelte Lungenkranke untergekommen ist. Dort wird sie Brecht besuchen. Kläbers schlagen dem Dichter vor, in dieser Gegend nach einer künftigen Familienunterkunft zu suchen. Das tut er, läuft herum, besichtigt Wohnungen und Häuser, notiert Miet- und Lebensmittelpreise, erwägt Vor- und Nachteile, fühlt sich aber überfordert zu entscheiden: «Ohne Dich für lang was mieten hat keinen Sinn», schreibt er Helli. Und: «Ich wäre jetzt froh, wenn wir alle zusammen wären!» Also reist die Weigel mit den Kindern und Maria ihrem Mann hinterher.

Lange kann die Familie dort nicht zusammen gewesen sein, denn schon bald meldet Brecht sich nach Paris ab, um Weill zu treffen und mit ihm zu arbeiten. Hier kommt ihm die Idee, Paris als künftigen Aufenthaltsort zu wählen. «Die Stadt ist eben wenigstens groß, Kinos, Theater, Einwohner, Autos usw. Und auch Gelegenheit zu verdienen. Balletts, Film, Theater. Das Leben (Haushalt) *sehr* billig», erfährt Helli aus den Briefen, die er ihr nach Carona schreibt.

Beide ahnen nicht, was für ein langer Fluchtweg vor ihnen liegt. Fünfzehn Jahre dauert das Exil. Nach mehreren Jahren in Dänemark werden sie weiterziehen nach Schweden, Finnland und dann über Moskau, Wladiwostok bis in die USA. Und erst 1947/48 von Kalifornien über New York und Zürich kehren sie zurück nach Berlin.

Zunächst entscheidet Weigel, nach Thurö zu ziehen, ein der großen dänischen Insel Fünen vorgelagertes Eiland. Ihre Freundin, die Schriftstellerin Karin Michaelis, hat die Familie eingeladen. Sie besitzt dort ein größeres Anwesen am Meer, es umfasst außer dem Hauptgebäude mehrere kleine strohgedeckte Häuschen. Ohne bei Brecht in Paris Station zu machen – auch Margarete Steffin lebt jetzt dort –, reist die Weigel zusammen mit den Kindern Anfang Juni 1933 über Frankreich in den Norden und

Karin Michaelis (erste Reihe links neben Brecht), die bekannte dänische Autorin und mütterliche Freundin von Helene Weigel, lud die Brechts nach deren Flucht aus Deutschland ein, nach Dänemark zu kommen. Sie besaß dort ein größeres Anwesen am Meer mit mehreren strohgedeckten Häuschen, die sie Flüchtlingen aus Deutschland zur Verfügung stellte. Im Sommer 1933 trifft Helene Weigel mit ihren Kindern bei Frau Michaelis ein; Brecht folgt der Familie aus Paris.

Helene Weigel, der die Dänin schon in Wien geholfen hatte, Schauspielerin zu werden, lud später die nun ihrerseits aus ihrer Heimat Vertriebene in ihr Haus nach Santa Monica in Kalifornien ein. Der Tod der Freundin 1950 trifft sie tief.

Auf dem Bild sieht man Helene Weigel in der letzten Reihe als dritte von links. Und in der ersten Reihe ganz rechts den Mitbegründer der KPD, Hermann Duncker, der ebenfalls ins dänische Exil geflüchtet war.

richtet sich in einem dieser Häuschen ein. Brecht folgt noch im selben Monat.

Die Vorteile Thurös für Flüchtlinge aus Deutschland liegen auf der Hand: Die Lebenskosten sind hier, auf dem grünen flachen Land, ungleich geringer als in Österreich oder der Schweiz. Ein Pfund Butter kostet sechzig Pfennig, und die Wochenrechnung beim Inselfleischer ist so unglaublich gering, dass die Weigel es nicht glauben mag. Hier kommt ein Mensch, meint sie, mit hundert Kronen, das sind sechzig deutsche Mark, im Monat aus. Brecht findet in den Bibliotheken Kopenhagens fast alles, was er braucht. Und die deutsche Grenze ist ganz nah! Die Radiosender kann man auf Thurö ungestört empfangen, auch deutsche Zeitungen erwerben. Die Entwicklung in der Heimat lässt sich genauestens verfolgen. Noch leben fast alle Flüchtlinge in der Illusion, der Spuk dort werde bald zu Ende sein.

Die Brechts waren nicht einsam auf Thurö. Zu den Gästen dort gehörten neben Frau Lazar, einer früheren Mitschülerin der Weigel, der deutsche Schriftsteller Ernst Ottwalt mit seiner Frau, ein in Deutschland amtsenthobener Volkshochschullehrer namens Franz Mockrauer und ein berühmter dänischer Meisterdieb, den die Gastgeberin auf den rechten Weg zurückzuführen versuchte. Im Unterschied zu allen anderen Gästen, die die Türen ihrer kleinen Häuser Tag und Nacht unverschlossen ließen, schloss er stets gründlich ab.

Im Juli 1933 berichtete Frau Mockrauer einer Verwandten brieflich von den neuen Mitbewohnern: «Hier wohnt Bert Brecht mit seiner Familie, sie ist Schauspielerin, zwei Kinder: ein schmächtiger Junge, der Steffi, wirkt wie ein kleiner Gassenjunge, und ein dreijähriges, schon sehr intelligentes, sehr niedliches Mädchen Barbara ist der Verzug der Sommerhüttenkolonie. Brecht läuft immer in einer Art blauen Schlosseranzug herum mit Reisemütze und ganz kurzgeschorenem Kopf, sieht sehr proletarisch betont aus, ist aber ein feiner liebenswürdiger Mann aus guter Familie. Sie … mit Jungenkopf, ist keß und schnippig, wie überhaupt die ganze Familie, läuft natürlich im Hosenanzug herum oder in einem neuen rotweißgewürfelten langen Kleid mit schräggesetztem Volant ausgeschnitten mit Flügelärmeln an den Schultern, sehr billig und ordinär, aber mit einem gewissen Chic, sie sieht wie ein personifizierter Gassenhauer darin aus und könnte sofort so in der Dreigroschenoper auftreten.»

Den Brechts gefiel es in Dänemark so gut, dass sie beschlossen, dort ein Haus zu kaufen. Unterstützt von Karin Michaelis, fanden sie am Rand des Fischerdorfes Skovsbostrand, beim Städtchen Svendborg, im Süden der Insel Fünen, ein strohgedecktes Haus, weiß gekalkt, mit schwarzem Fachwerk und umgeben von einem großen Garten. Im August 1933 erwarb das Ehepaar den Hof für umgerechnet sechstausend deutsche Mark und baute ihn in den nächsten Monaten für seine Zwecke um. Weigels Vater hatte seiner Tochter das Erbteil ihrer Mutter ausgezahlt, der alte Brecht in Augsburg steuerte ebenfalls eine Summe bei, und sein Sohn erhielt von dem niederländischen Verlag Allert de Lange einen Vorschuss auf den «Dreigroschenroman».

Der Stall neben dem Haus wurde in ein geräumiges Arbeitszimmer für Brecht verwandelt, sodass Besucher direkt zu ihm gelangen konnten. Zwei Augsburger Schulfreunde sorgten dafür, dass die Möbel der Familie, ihre Bücher, ja fast die gesamte Habe über Deckadressen nach Dänemark verschickt werden konnte. Was fehlte, fand die Weigel irgendwo, so eine alte Kirchenbank, auf der die Familie beim Essen saß. Tochter Barbara erinnerte sich später noch genau, wer wo untergebracht worden war: sie und ihr Bruder je in einem eigenen Zimmer. «Mamma schlief auf dem Dachboden, der über eine Treppe erreichbar war, die man runterziehen konnte. Dort roch es immer wunderbar, weil dort die Äpfel aufgehoben wurden. Pappa hatte in seinem Arbeitszimmer ein Bett. Hier durfte man nur hineingehen, wenn er nicht arbeitete. Dort war auch die einzige richtige Toilette.

Ansonsten hatten wir nur noch ein Plumpsklo.» Unklar ist, wo
Maria Hold wohnte, der gute Geist der Familie.

Gemessen an dem Schicksal anderer Flüchtlinge ging es den
Brechts verhältnismäßig gut. Sie haben in den Jahren des Exils
keine materielle Not gelitten. In ihrem Fischerdorf beschäftig-
ten sie einen Nachbarn, der jeden Tag das Klo zu leeren hatte.
Dann heiratete das Fräulein Hold den Metzgermeister aus dem
Dorf, und eine Nachbarin sowie deren Nichte übernahmen die
Hausarbeit. Ein Brief Bert Brechts an seinen Freund George
Grosz gibt Zeugnis, dass die Familie einen Ort der Zuflucht
und Geborgenheit gefunden hatte: «Lieber George, die Insel
Fünen wird der Garten Dänemarks genannt. Soweit man blickt,
ist alles grün und, was wichtiger ist, die Leute haben gute
Handelsverträge mit England. Die Obstbäume müssen mit
Hölzern gestützt werden und die Fischer stechen mit Lanzen in
das Sundwasser und holen in einigen Stunden Dutzende von
Aalen heraus. Ich kann gut leben ...»

Aber obgleich Bertolt Brecht zu den vertriebenen Dichtern
gehörte, deren Bücher die Nazis wenige Monate nach ihrem
Machtantritt, am 10. Mai, auf die Scheiterhaufen warfen: Ein
Emigrant will er nicht sein. Emigranten: «Das heißt doch Aus-
wandrer. Aber wir / Wanderten doch nicht aus, nach freiem Ent-
schluß / Wählend ein andres Land. Wanderten wir doch auch
nicht / Ein in ein Land, dort zu bleiben, womöglich für immer. /
Sondern wir flohen, Vertriebene sind wir, Verbannte.»

Seine Tochter Hanne, die ihn 1936 in Dänemark besucht, bittet er, möglichst viele seiner Gedichte auswendig zu lernen und
sie so nach Deutschland mitzunehmen. Aber seine Stücke, die er
in den letzten Jahren geschrieben hat, kann sie nicht im Kopf behalten; sie liegen in dänischen Schreibtischschubladen.

Joseph Roth, auch er ein Vertriebener, Verbannter, empfand
schmerzlich den Unterschied zur Emigrationsliteratur früherer
Jahrhunderte: «Die Bücher der Schriftsteller, die damals in der

Fremde leben mußten, wurden in der Heimat herausgegeben, honoriert, gelesen und verbreitet. Vertrieben wurde nur der Autor – als Person.» Heines und Börnes Werke wurden in Deutschland auch dann noch verlegt und geliebt, als sie dort nicht mehr leben konnten. «Nur das 20. Jahrhundert kann sich rühmen, einen Schriftstellertyp geschaffen zu haben, der ... für seine Heimat gestorben ist.» Als Person verbannt und ihr Werk verboten – das war im 20. Jahrhundert das Schicksal unliebsamer Dichter im Deutschland Adolf Hitlers, dem Italien Benito Mussolinis und der Sowjetunion Josef Stalins. Darin gleichen sich die Diktaturen in der Sicht von Joseph Roth.

Die meisten verjagten deutschen Schriftsteller waren damals angewiesen auf fünf, sechs halbwegs wohlhabende Verlage in Westeuropa, die bestenfalls geneigt waren, ihre Manuskripte anzunehmen, aber nur selten Vorschüsse zahlten. Schriftsteller, die in Deutschland Bestseller geschrieben hatten, mussten froh sein, wenn der Verlag drei-, viertausend Exemplare ihres neuen Manuskriptes druckte. Übersetzungen wurden, wenn überhaupt, nur nach England und Amerika verkauft. Deutsche Exilzeitungen konnten für Beiträge nur ganz geringe Honorare zahlen. Und in der Sprache eines anderen Landes schrieb kaum ein deutscher Autor. Verlage wie S. Fischer, die selbst nach Wien und Stockholm emigrierten, waren die Ausnahme.

«Wir müssen uns eingestehen», folgerte der 1939 in einem Pariser Armenhospital gestorbene Joseph Roth, «daß unsere einzige Waffe das Wort ist. Es ist eine mächtige, gefährliche und sogar magische Waffe, aber sie ist weder scharf noch direkt. Gegenüber den Kanonen von Krupp, den Giftgasen der Leuna-Werke, den Flugzeugen von Göring, den Konzentrationslagern, der Geheimpolizei, der Unfreundlichkeit der Länder, in denen man den deutschen Literaten zwar Gastrecht gewährt, aber in ihnen nur geduldete Ausländer sieht, dem allen gegenüber sind wir nur ‹arme Schriftsteller›.»

1938, Brecht war schon die deutsche Staatsbürgerschaft entzogen worden, traf ihn der Regisseur Berthold Viertel in London, in einer Stadt, in einem Land, dessen Sprache B. B. nicht sprechen wollte, «weil Zunge und Seele sich gegen das fremde Kauderwelsch sträubten». In seiner Lederjacke stapfte er durch den englischen Nebel und war in seinem Denken, Fühlen, Planen unentwegt damit beschäftigt, was aus Deutschland werden würde. Hatte der jetzt Vierzigjährige, der dem Regisseur als so typisch deutsch erschien, als junger Mann nicht ähnlich wie Kipling und Gauguin vom Auswandern geträumt, vom Dschungel und dem Urwald, vom großen China und dem fernen Indien? «Aber so, wie es wurde, war es nicht gemeint.» Armer B. B. «Sie haben mir meine Bühne und mein Publikum ... geraubt», klagt er.

Wie ernüchternd aber war das Exil erst für eine arbeitslos gewordene Schauspielerin mit zwei Kindern. Zwei Jahre nach ihrer Abreise aus Wien waren das mitgenommene Bargeld aufgebraucht und alle von der Mutter geerbten Schmuckstücke versetzt. Helli, stets darauf bedacht, finanziell unabhängig von Brecht zu leben, musste erstmals von ihm Geld erbitten. Das fiel ihr schwer. Es berührte ihre eigene Unabhängigkeit und die ihres Mannes, der, wenn irgend möglich, nicht um ihret- und der Kinder willen nur fürs Geld schreiben sollte. Auch liebte sie ihren Beruf viel zu sehr, um sich damit abzufinden, überhaupt nicht mehr zu spielen.

Auf der Suche nach neuen Arbeitsmöglichkeiten reiste Helene Weigel von Dänemark zunächst nach Moskau, wo ein deutsches Theater gegründet werden sollte, später nach Zürich und nach Wien. Dann wieder hieß es, Erwin Piscator werde in Engels an der Wolga, einer Stadt mit vielen Deutschen, ein großes Kunstkombinat mit Theater und Filmstudios errichten und brauche Mitarbeiter. Doch die Pläne wurden nicht ausgeführt; nirgends fand sich ein Engagement oder wenigstens eine Gastspielmöglichkeit.

Endlich, im Januar 1937, ein Hoffnungsschimmer! In Dänemark trifft eine Einladung spanischer Sozialisten an die Schauspielerin ein. Sie fragt Piscator in Paris, was davon zu halten sei. Der winkt ab, das sei nichts. «Ich bin sehr geknickt», antwortet Weigel. «Meine idiotische Existenz hängt mir sehr zum Halse raus. Ich war und bin auch noch immer eine brauchbare Person und der Winterschlaf dauert zu lange.» Exil und Berufsuntätigkeit gehen jetzt ins fünfte Jahr.

Unter den immer gleichen Verrichtungen verrinnt die Zeit. Wohin auch die Familie verschlagen wird, überall denkt die Weigel zuerst daran, ihrem Mann ein möglichst ruhiges Arbeitszimmer einzurichten, und zwar den schönsten und den größten Raum, den es im Hause oder in der Wohnung gibt. Das ist wichtiger als alles andere!

Und wo bleibt sie? Wenn es nicht anders geht, wird mitten in der Küche eine Gardine aufgehängt, um eine Seite zum Kochen und für den Abwasch zu benutzen und in der anderen ein Bett für sie aufzuschlagen. Nachts, vor dem Schlafengehen, stellt sie noch den Tee für B. B. bereit, denn morgens steht er sehr früh auf.

Möbel fehlen! Vor allem breite, lange Tische für Brechts Materialien, Manuskripte und Entwürfe! Irgendein Auto, womöglich ein Lastwagen, wird aufgetrieben, um von Freunden, Nachbarn und Bekannten, wenn es gar nicht anders geht, aus billigen Läden das Fehlende heranzuschaffen. In Dänemark will die Weigel auch noch Maschineschreiben lernen, um die Manuskripte ihres Mannes abzutippen. Dabei zieht sie sich eine Sehnenscheidenentzündung zu und lässt es künftig sein.

Wenn Brecht nicht am Schreibtisch sitzt oder nachdenkend seinen Arbeitsraum durchwandert, langweilt er sich bald. Er braucht Anregung und Entspannung. Also sucht Weigel für ihn nach immer neuen Kriminalromanen und fordert auch andere dazu auf. Doch Krimis ersetzen keine Menschen. Also muss Helli möglichst jeden Abend Leute herbeischaffen, die ihn zugleich anregen und zerstreuen. Aber finde mal jemand in der skandinavischen Provinz Gesprächspartner für einen deutschen Dichter! Manchmal weiß die Weigel nicht aus noch ein und bittet übers Telefon irgendeinen Menschen flehentlich, am Abend doch vorbeizukommen. In den Aufträgen, die sie in diesen Jahren von ihrem Mann erhält, heißt es immer wieder: ‹Kannst Du nicht ein paar Leute keilen, die uns besuchen wollen? Wie steht es mit Sternberg? Mit Benjamin und Korsch?›

Andere Bitten beziehen sich auf Nachforschungen: nach einem gebrauchten großen Schachspiel, einem liegen gebliebenen grauen Jackett, auf die Suche nach Unterkünften für die Freundinnen des Dichters und nach Ländern, die die verlorene Staatsbürgerschaft ersetzen.

Diese Frau, so meint man Brechts Briefen zu entnehmen, weckt ständig die freundschaftlichsten Gefühle; nie enttäuscht sie, das Urbild eines «guten Kumpels». Eingenommen von den Vorzügen ihres Charakters, wünscht man ihr Zärtlichkeit und Liebe – ungleich mehr, als sie bekommt.

Bertolt Brecht hat in den fünfzehn Jahren des Exils seine wichtigsten Werke geschrieben, einen bedeutenden Anteil an der Literatur des 20. Jahrhunderts. Dass er das konnte, verdankt er vor allem Helene Weigel.

Zugleich muss sie für die Kinder sorgen. Sie sollen möglichst ohne Furcht aufwachsen. Aber immer, wenn die Eltern weiterziehen in ein anderes Land, müssen Barbara und Steff von gerade erst gewonnenen Freunden Abschied nehmen, alles, was ihnen vertraut geworden ist, verlassen, sich zurechtfinden in einer neuen Umgebung, einer neuen Schule, vor allem wieder eine neue Sprache lernen, Dänisch, Schwedisch, Finnisch, schließlich auch das Amerikanische.

Hauptsache, die Kinder bleiben gesund! Die Mutter pflegt sie, wenn sie Fieber haben, Keuchhusten, Masern und andere Kinderkrankheiten ausschwitzen, spielt mit ihnen, sorgt sich – will Heimat wenigstens in den vier Wänden schaffen. Wird es an einer der vielen Grenzen, die sie überschreiten, unerwartete Schwierigkeiten geben? «Ach Gott, wenn ich zurückdenke», sagt die Tochter, «meine arme Mutter und auch Bidi haben Spiele und Ablenkungen erfunden, um mich wenig von den Problemen spüren zu lassen ... Einmal bin ich aus dem Zug ausgestiegen, weil mich interessierte, was auf der Station los war, und ich wäre fast zurückgeblieben, als der Zug anfuhr.» Das geschah ausgerechnet auf der Strecke Moskau–Wladiwostok, auf dem Weg in die USA. Was für Ängste muss die Mutter ausgestanden haben!

Die Eltern sind sich einig: Bloß jetzt nicht noch ein drittes Kind! Dreimal wird Helene Weigel in Dänemark «am Blinddarm operiert» – eine damals dort übliche ärztliche Vertuschung für Abtreibungen.

Gewiss, für die alltägliche Hausarbeit ist eine Hilfe da. Aber immer, wenn die Familie irgendwo neu einzieht, ist es Helli, die die Hauswand tüncht, Zimmerwände streicht, den Garten umgräbt, Kartoffeln, Salat, Erdbeeren und Kohl anbaut, Blumen pflanzt, Gras schneidet und einen Rasenplatz anlegt.

Über den Gartenzaun pflegt sie Umgang mit der Nachbarschaft, reicht eine frisch erblühte Stockrose herüber, lernt dabei die wichtigsten Vokabeln der Landessprache, jedenfalls so viel, dass sie sich halbwegs verständigen kann. Sie versucht, überall vorhandene Vorurteile gegen die Deutschen abzubauen. Man braucht die Leute, besonders in der Fremde! Nur sie können einem sagen, wo es billigen Stoff gibt, um für Steff einen Schlafanzug zu nähen und für Barbara ein Kleid. Die Weigel ist eine geschickte Näherin, und für alle, die vertrieben worden sind, gilt die Devise: sich einrichten und sparen.

Nicht nur auf der Bühne, auch im Leben war die Weigel eine eindrucksvolle Mutter. Früh wünschte sie sich ein Kind von Brecht. Im November 1924 wurde Sohn Stefan (links im Bild) geboren. Nach der Heirat, im Oktober 1930, kam die Tochter Barbara zur Welt. Ganz rechts Hanne, Brechts Tochter aus seiner ersten Ehe mit Marianne Zoff.

In den fünfzehn Jahren des Exils schuf Helene Weigel für ihre Kinder immer wieder eine Welt der Liebe und Verlässlichkeit, schuf Heimat wenigstens in den vier Wänden.

Ihre Hauptbeschäftigung ist das Kochen. Brecht isst fast nur typisch bayrische Gerichte, die er aus seiner Heimat kennt und die niemand so schmackhaft zubereiten kann wie seine Frau. Zeitweise kocht sie zweimal am Tag für sechs Leute warmes Essen. Und wenn ihr Mann abends Appetit auf seinen Lieblingskäse hat, klatscht sie ihm mit einer Fliegenklatsche vom Käse jede Fliege einzeln ab. Nur keine Bitterkeit hochkommen lassen, nur nicht klagen! Die Ungewissheit, der Wechsel zwischen Hoffnung und Verzagen belasten schon genug. «Ich bin wieder in meine ungeheuer geschäftige Langeweile untergetaucht und es geht ... ganz schön», heißt es in einem Brief aus Dänemark. «Der Friehling benimmt sich, no ja muss er och, mit Flieder und Blumen.»

Am anstrengendsten ist der häufige Wechsel des Exils. Jedes Mal ist er verbunden mit Wohnungsaufgabe oder Hausverkauf, der Suche nach einer neuen Unterkunft, dem Aushandeln von Kaufpreisen oder Mieten, der Gewöhnung an die neue Landeswährung. Auf Ämtern müssen unzählige Formulare besorgt, ausgefüllt und abgegeben werden: Visaanträge. Wird man sie genehmigen? Warten, warten – der Lebensinhalt des Exils. Doch darf man darüber nicht versäumen, rechtzeitig Schiffskarten zu bestellen und Plätze in Fernzügen zu reservieren. Aber werden bis zur Abfahrt auch die Visa ausgestellt worden sein? Wenn nicht, was dann?

Wenn alles gut zu gehen scheint, heißt es rund um die Uhr zu packen. Was muss mitgenommen, was zurückgelassen werden? Brecht breitet auf den Tischen seine Manuskripte und sonstigen Papiere aus, ordnet und sortiert. Seine Frau packt ein. Spielzeug muss zurückgelassen werden; in die Koffer und die Kisten geht nichts mehr hinein. Barbara heult. Und dann der schwierige Transport! Ach, wäre man doch erst am nächsten Ort.

Jetzt, da die Familie herausgerissen ist aus allem Geordneten, wird erkennbar, welche Kraft in dieser Helene Weigel steckt. Es gibt keine Herausforderung, die sie nicht annimmt, keine Situation, die sie nicht meistert. Zugute kommt ihr ein ausgeprägtes Organisationstalent, der auf das Praktische, Reale gerichtete Verstand – unter Schauspielerinnen nicht gerade häufige Eigenschaften. Was wäre aus Brecht und den Kindern ohne diese Frau geworden? Sie entscheidet: Aufgeben? – Nie! «O große Kostbarkeit, die sich nicht zierte! / Schauspielerin und Flüchtling, Magd und Frau.» (B. B., «Die Requisiten der Weigel»)

Brecht hält es nie lange an einem Fluchtort aus. Ihm fehlen Freunde, berufliche Kontakte, das Theater, eine andere Frau. Während das neu erworbene Haus im Dorf Skovsbostrand ab Herbst 1933 umgebaut wird und Helene Weigel nach Moskau fährt, entflieht er nach Paris. Dort wartet Grete. Gegen den Rat der Ärzte hatte sie im Frühjahr 1933 das Sanatorium in der Schweiz verlassen, um zu Brecht zu fahren, als der in Paris mit Weill arbeitete. Jetzt, da sie beide nicht zurück nach Deutschland können, hatte sie gehofft, werde Brecht sich von Helene Weigel trennen und mit ihr zusammenleben. Tief getroffen von seiner Entscheidung, der Familie nach Dänemark zu folgen, war sie im Sommer 1933 allein zurückgeblieben – einsam, eifersüchtig, unbehaust. «Lieber bidi», heißt es in einem ihrer Briefe, «ich bin vormittags, nachmittags, abends und nachts allein hier in meinem jetzigen zuhause. ich habe immer etwas angst vor der nacht … nacht für nacht (träume ich) das gleiche; ich sehe Dich mit irgendwelchen frauen, rege mich sehr auf, wache dauernd auf, heulend sogar, und immer solches blödes theater … manchmal allerdings frage ich mich, wenn ich dann einfach nicht schlafen kann, wann Deine diversen freunde … einem anderen mädchen erzählen werden: ‹Ja, und dann hatte er 1932/33 öfter ein mädchen bei sich, die hieß grete steffin, danach die …› und immer höre (ich) dann was helli zuletzt in Berlin zu mir sagte, du tust mir nur leid, mein liebes Kind ...» Im Unterschied zu Helli spricht Grete aus, was sie bedrückt. Das macht es manchmal leichter, obgleich ihre Situation die schwierigere ist.

Im September 1933 kommt Brecht zurück zu seiner Grete. Sie begleitet ihn zu den Feuchtwangers ins südfranzösische Sanary-sur-Mer. Wird er bei ihr bleiben?

Nein, er nimmt sie mit. Kurz vor Weihnachten reisen sie zusammen nach Dänemark. Während die Freundin zunächst in einem Kopenhagener Hotel abgesetzt wird, kehrt Brecht zurück in das von Helli inzwischen eingerichtete neue Haus und feiert zusammen mit ihr, Barbara und Steff das Weihnachtsfest. Keiner ahnt, wen Bidi aus Paris mitgebracht hat.

1935/36 reist Brecht alleine zu einem längeren Aufenthalt nach New York. Der bringt beruflich Ärger und privat eine alte/neue Glückserfahrung, wiederum mit einer anderen Frau. Die als links geltende New Yorker Theatre Union hat beschlossen, eine amerikanische Fassung der «Mutter» aufzuführen, und Brecht zu den Proben eingeladen. Doch kommt es bald zu Reibereien. Wie aus Berlin gewohnt, mischt sich Brecht in die Regie ein, kritisiert, verlangt Änderungen. Ständig gibt es Krach. Schließlich erhalten er und Hanns Eisler Hausverbot, und die Premiere im November 1935 findet ohne sie statt. Der Erfolg bleibt aus.

Doch bleibt die schöne Erinnerung an Elisabeth Hauptmann in New York. Zwischen beiden war es 1932 zu neuen Verstimmungen gekommen, und nach seiner Flucht hatte Brecht seine langjährige Mitarbeiterin beschuldigt, nicht genügend zur Rettung aller seiner Manuskripte unternommen zu haben. Dabei war Bess gerade wegen ihrer entsprechenden Bemühungen von der Gestapo kurz verhaftet worden und danach zu ihrer Schwester in die USA geflohen. Empört hatte sie sich von Brecht abgewandt.

Jetzt, zwei Jahre später, sieht man sich wieder. Auf seine Bitte ist Bess gleich zu Beginn der Proben von St. Louis nach New York gekommen und steht ihm bei, zumal er ungenügend Englisch spricht.

Während der Rückfahrt über den Atlantik verspricht er ihr in einem Brief: «Ich werde Dich nicht für immer in St. Louis lassen.» Auf dem Schiff entsteht auch ein Gedicht: «Der Himmel über mir in der nicht zu vergessenden Nacht / War hell genug. Der Stuhl, auf dem ich saß / War bequem genug. Das Gespräch / War leicht genug. Das Getränk / War scharf genug. / Und weich genug / War dein Arm, Mädchen, in der / Nicht zu vergessenden Nacht.»

Muss wieder ein Hotelzimmer in Kopenhagen gemietet werden? Elisabeth Hauptmann hatte schon 1933 abgelehnt, ins dänische Exil zu folgen. Sie wird es auch jetzt nicht tun. Also fragte der wiederum neu entflammte Brecht wenige Monate später die ihm bekannte deutsche Komintern-Funktionärin Maria Osten, die er, engagiert als Drehbuchautor für einen Bajazzo-Film, in London wieder trifft, ob sie nicht Lust habe, nach Dänemark zu kommen? Auch Maria will nicht.

In Wahrheit kann Brecht über Einsamkeit, jedenfalls in Dänemark, nicht klagen. Häufig kommen Freunde, auch Verwandte und bleiben Wochen, Monate. George Grosz sowie Karl Korsch mit Frau und Tochter, Walter Benjamin, Hanns Eisler mit seiner künftigen Frau, Brechts Vater und der Bruder sowie Schul- und Studienkameraden aus Deutschland. Das ist auch deshalb wichtig, weil Brecht kein Dänisch spricht und sich so gut wie gar nicht für das Land interessiert.

Tagsüber arbeiten die Gäste meist. Helli hat sie nahebei in billigen Pensionen oder Privatquartieren untergebracht. Abgeschieden vom Lärm der Städte, in der dänischen Idylle beschäftigt sich Benjamin mit Baudelaire, Korsch verfasst eine Karl-Marx-Biographie, und Eisler komponiert «wie ein Wilder»; jedenfalls kam es ihm hinterher so vor. Aber auch die anderen arbeiten mit einer Intensität, die nichts von jener Ausweglosigkeit erkennen lässt, die an jedem Künstler zehrt, der sein Publikum verloren hat und nicht weiß, wer eigentlich noch auf ihn hört. Die Freunde erhielten sich so den Glauben an die Nützlichkeit dessen, was sie taten, auch wenn es noch sehr lange dauern sollte, bis ihre Werke gedruckt und aufgeführt wurden. Jeder erinnerte sich gern an das Dorf auf Fünen zurück. «Mit all dem Schrecken und der Kümmerlichkeit und den Schwierigkeiten, die wir hatten – es war fabelhaft. Also ich wünschte jedem jungen Künstler so was Produktives», schwärmte Hanns Eisler.

Auch Brecht war unter dem dänischen Strohdach ungewöhnlich produktiv. Er schrieb den «Dreigroschenroman», die Erstfassung des «Galilei», «Die Gewehre der Frau Carrar», «Furcht und Elend des Dritten Reiches», die «Svendborger Gedichte» ...

Abends traf man sich bei Brechts. Die Freunde hörten im Radio die Nachrichten aus Deutschland, spielten Schach oder mit den Kindern Monopoly, Korsch ärgerte sich, wenn er verlor. Walter Benjamin, zum Abendessen eingeladen, saß mit auf Hellis Kirchenbank und ärgerte sich, als Benjamin, den man für einen Kater hielt, plötzlich Junge warf.

Und dann wurde diskutiert. Natürlich sprachen die Schriftsteller über den Fortgang ihrer Arbeit; die Sprache bot ein sicheres Asyl. Natürlich kreiste das Gespräch häufig um die Politik. Röhm, der Stabschef der SA, ist von der SS ermordet worden! Würde die Reichswehr Hitler stürzen? Jede kleinste Veränderung jenseits der Grenze wurde registriert, jeder Besucher aus Deutschland ausgefragt: ‹Wächst der Widerstand, und welche Form nimmt er an?› ‹Wie groß ist die Anhängerschaft der Nazis?› Und immer wieder der Disput: Faschismus – was ist das eigentlich?

Brecht sieht eine untrennbare Verbindung zwischen der NS-Herrschaft und den Eigentumsverhältnissen. Er definiert Faschismus als Spätstadium des Kapitalismus, in dem das Kapital die wachsenden gesellschaftlichen Widersprüche nur noch diktatorisch niederhalten kann. Darum ist für ihn die Forderung nach der Vergesellschaftung der Produktionsmittel ein unverzichtbares Element des Widerstands. So sieht es auch die KPD – bis 1935. Dann änderte sich die Strategie.

Neuen Weisungen aus Moskau folgend, strebten die kommunistischen Parteien jetzt ein möglichst umfassendes antifaschistisches Bündnis an, eine europäische Volksfront, die Kommunisten und gestern noch als «Hauptfeinde» bekämpfte Sozialdemokraten vereinen sollte, Atheisten und Gläubige, Konservative und Liberale, Arbeiter sowie auch Unternehmer. Die bestehenden Besitzverhältnisse in Frage zu stellen galt jetzt als unerwünscht, inopportun.

Hatte Brecht das nicht mitbekommen? Das ist schwerlich anzunehmen. Also hatte es ihn nicht überzeugt? Mit Walter Benjamin war er sich einig, die Verschleierung des eigentlichen Ziels «als katastrophal für alles das zu erkennen, wofür wir uns seit zwanzig Jahren einsetzen». (Benjamin) Auf einem kommunistisch inspirierten Schriftstellerkongress 1936 in Paris vertrat Brecht sehr zum Ärger derer, die ihn eingeladen hatten, weiterhin die Überzeugung, nur der könne gegen die überhand nehmende Barbarei erfolgreich angehen, der jene gesellschaftlichen Zustände herbeiführen wolle, «in denen die Barbarei überflüssig wäre», sprich den Sozialismus.

Aber ist der Sozialismus, wie ihn Brecht in der Sowjetunion verwirklicht sieht, frei von Barbarei? Ist Barbarei dort endlich «überflüssig»? Die Freunde auf der Insel Fünen reden sich die Köpfe heiß, was Sozialismus sei, seitdem von den großen Säuberungen in der UdSSR berichtet wird.

In Dänemark treffen Nachrichten über die Verhaftung von Freunden und Bekannten ein. Sergej Tretjakow, Brechts Übersetzer, der Spionage für Japan angeklagt, wird hingerichtet. Auch der Schriftsteller Ernst Ottwalt, der von Dänemark in die Sowjetunion gegangen war, sei verhaftet, heißt es. Das gleiche

Schicksal wird Michail Kolzow ereilen, den Redakteur und Lebensgefährten von Maria Osten. Allmählich verschwindet der gesamte Moskauer Freundeskreis der Brechts; zahlreiche vor Hitler geflohene deutsche Kommunisten sind inhaftiert worden. In Schauprozessen werden alte, verdiente Mitarbeiter Lenins, hohe Funktionäre, der Zusammenarbeit mit dem Feind, der Sabotage und der Spionage bezichtigt und zum Tode verurteilt.

Brecht ist unsicher, was er davon halten soll, hin- und hergerissen zwischen Rechtfertigung und Kritik. Viel hängt davon ab, mit wem er die Schreckensmeldungen erörtert. In den Diskussionen mit Benjamin, wie er ein radikaler Sozialist, entscheidet er sich für das Einerseits und Andererseits. Angesichts des Terrors, so gab Benjamin die Meinung seines Freundes wieder, habe man zu konstatieren, dass in Russland «eine Diktatur *über* das Proletariat», eine «Arbeitermonarchie», das «persönliche Regiment» Stalins entstanden sei. Doch solange «noch praktische Arbeit für das Proletariat» geleistet werde, müsse man sich nicht lossagen von der UdSSR. Gegenüber einem anderen Freund, für den Stalins Terror Bolschewiki und Faschisten gleichsetzt, verteidigt er, was in der Sowjetunion geschieht: «Die Umwälzung ist nicht ohne Unterdrückung der Widerstrebenden, kaum ohne die der Willigen zu bewerkstelligen.» Auch ist er der Ansicht, dass sich Stalin immense Verdienste erworben habe.

Als Brecht jedoch erfuhr, Carola Neher sei wegen «trotzkistischer Umtriebe» verhaftet worden, «kannte seine Wut auf diesen ‹schändlichen und schamlosen Henkersknecht Stalin› und dieses ‹ganze Pack› um ihn herum keine Grenzen», berichtet einer, der es miterlebte. Brecht versuchte zu helfen. Mehrmals bittet er Feuchtwanger, der nach Moskau eingeladen worden ist, sich für Carola Neher einzusetzen. Nichts kann sie retten: 1942 wird sie in einem sowjetischen Gefängnis sterben. Schon acht Wochen vor Carola, im Mai 1936, war ihr Mann Anatol Becker verhaftet und beschuldigt worden, als Trotzkist ein Attentat auf Stalin geplant zu haben. Nachdem er, um bis zuletzt noch der Partei zu dienen, dieses auch «gestanden» hatte, wurde er hingerichtet. Als Walter Benjamin den Freund 1938 auf seine Moskauer Freunde anspricht, antwortet ihm Brecht: «Eigentlich habe ich dort keine Freunde. Und die Moskauer selber haben auch keine – wie die Toten.»

Andererseits, wenn der dänische Schriftsteller Martin Andersen-Nexö das Ehepaar besucht, lassen sich Brecht und gewiss auch seine Frau davon überzeugen, dass die Anklagen in den großen Prozessen nicht aus der Luft gegriffen seien. Der Däne hat solchen Prozess als Zuschauer miterlebt; noch nie habe er einer Gerichtsverhandlung beigewohnt, wird er schreiben, in der es «so schlicht», so «menschlich» zugegangen sei. Man habe den Eindruck von «absoluter Redefreiheit» gewonnen. Die Angeklagten, daran will der Zuschauer nicht den geringsten Zweifel aufkommen lassen, seien Verbrecher, Verräter der Arbeiterbewegung. Dieses Urteil entnehmen Brecht–Weigel auch Feuchtwangers Bericht «Moskau 1937», den Brecht für «das Beste» hält, was «bisher in dieser Sache erschienen ist». Beide Schriftsteller sind immerhin Augenzeugen gewesen! Schließlich sei das russische Proletariat vor dem Weltfaschismus zu schützen, meinen die Brechts.

Es ist heute leicht, über Menschen, die damals verteidigten, was nicht verteidigt werden darf, den Stab zu brechen. Doch in den dreißiger Jahren gestanden sich erst wenige, die in der Sowjetunion den ersten Arbeiter-und-Bauern-Staat zu sehen meinten, die unfassbare Wahrheit ein. Die große Mehrheit vermochte sich nicht vorzustellen, dass alle Anklagen und Beschuldigungen erfunden und die Geständnisse in den Prozessen durch Folter erpresst worden waren. Niemand wusste, dass auf Anweisung des NKWD allein in der ersten Augusthälfte 1937 260 000 Menschen verhaftet und fast 73 000 gleich erschossen wurden. Die Unzähligen in Lagern und Gefängnissen – unschuldig allesamt? Das behaupteten Faschisten

80

und Antikommunisten! Das konnte gar nicht sein! Die Wahrheit prallte ab an ihrer verzweifelten Gläubigkeit.

Hinzu kam, dass die Flüchtlinge aus Deutschland von jenen vertrieben worden waren, die sich jetzt nicht genug tun konnten, «Greuelmärchen» zu verbreiten. Ihr Feind saß in Berlin, der Freund in Moskau. Wie weiterleben, wenn der Freund dem Feinde glich? An wen sich dann noch halten? Die westlichen Demokratien galten Brecht und anderen als vom Kapital beherrscht und also ihrerseits anfällig für Barbarei. Sie boten, so sah es Brecht, keine Alternative, den Menschen Gerechtigkeit zu bringen. Das versprach nur das sowjetische System, mochte es auch noch so unzulänglich sein. Politisch hellsichtig waren in dieser Zeit weder Brecht noch Weigel. Aber sie teilten ihren Irrtum mit Millionen Menschen.

Natürlich beteiligte sich Helene Weigel an den Diskussionen mit den Freunden. Während ihr Mann oft bedrückt und pessimistisch in die Zukunft blickte, wirkte sie ausgeglichen, eher hoffnungsvoll; jedenfalls bis zu jenem Märztag 1938, an dem die deutsche Wehrmacht in Österreich einmarschierte und die Wiener Hitler zujubelten. Selbstverständlich war ihr nicht verborgen geblieben, dass die österreichische NSDAP und der Antisemitismus dort kräftig zugenommen hatten, seitdem Hitler in Berlin regierte. Helli hatte den Vater und später auch den Schwager – die Schwester war gestorben – immer wieder gebeten, Österreich zu verlassen. Vergebens! Bauten die beiden Männer auf den Kanzler Dollfuß, der SA und SS verboten hatte, auch jede weitere Betätigung der NSDAP im Land? Dollfuß wurde im Sommer 1934 bei einem rechtsradikalen Putschversuch ermordet. Weigels Vater verließ sich ganz darauf, dass er im Gegensatz zu seiner Tochter politisch nie hervorgetreten war und ihm deshalb ‹nichts passieren› könne. Während des Zweiten Weltkriegs wurde er nach Lodz deportiert und ist dort gestorben oder ermordet worden. Auch der Schwager überlebte nicht.

Wo ist Grete Steffin? Auch in Skovsbostrand, dem Fischerdorf! In dem Kopenhagener Hotel hatte sie nicht bleiben wollen. Ihr Dasein Helli mitzuteilen, hatte Brecht sich nicht getraut und eine ihm bekannte dänische Schauspielerin gebeten, sich seiner Freundin anzunehmen. Das war Ruth Berlau. Sie nahm Margarete Steffin in ihre Wohnung auf. Erst ein Vierteljahr später, im Februar 1934, als Hanns Eisler nach Skovsbostrand gekommen war, fand Brecht den Mut, sich seiner Frau zu offenbaren. Zunächst weigerte sie sich, mit der Steffin an einem Ort zu leben – wieder fürchtete sie für die Gesundheit von Barbara und Steff –, gab aber schließlich nach. Wohl vor allem, weil sie einsah, dass ihr Mann dringend eine Mitarbeiterin, vor allem eine Sekretärin, brauchte. Sie selbst konnte das nicht sein.

In einem Haus, nicht zu nah dem eigenen, richtete Helli schließlich ein Zimmer für die Geliebte ihres Mannes ein, und Brecht brachte der bewusst Abgeschiedenen jeden Tag das warme Essen, gekocht auf Hellis Herd. Gretes Nähe wirkte sich, wie Benjamin feststellte, «manchmal drückend» auf die Atmosphäre im Haus Brecht–Weigel aus.

Dabei war Margarete Steffin oft monatelang abwesend. Immer wieder musste sie wegen ihres Leidens ins Krankenhaus nach Kopenhagen und zu Kuren in die Sowjetunion. Dennoch war sie eine unschätzbare Hilfe für den armen B. B.

Es begann bei den einfachsten Arbeiten. Brecht diktierte, Steffin stenographierte und schrieb den Text in die Maschine. Brecht korrigierte und fand am nächsten Morgen die neu abgeschriebene Fassung auf dem Schreibtisch. Das wiederholte sich: Korrektur, Reinschrift, Korrektur. Schließlich die Vervielfältigung des fertigen Manuskripts. Doch dabei blieb es nicht. Grete war ein Sprachgenie. Sie beherrschte schließlich die Sprachen aller europäischen Exilländer, die sie mit den Brechts durchquerte, korrespondierte mit den dortigen Redakteuren, Verlagen, Ämtern, dolmetschte und übersetzte.

Noch eine Nebenfrau: Im dänischen Exil lernt Brecht die in Kopenhagen lebende Schauspielerin Ruth Berlau kennen. Die überzeugte Kommunistin ist mit einem angesehenen und wohlhabenden Arzt verheiratet. 1940 folgt die «rote Ruth» ihrem Geliebten ins finnische Exil und reist mit ihm und seiner Familie über Moskau weiter in die USA. Nach dem Krieg wird sie Mitarbeiterin des Berliner Ensembles. Aus der einst so selbstbewußten und umschwärmten ist eine verbitterte alte Frau geworden. «Mich hat er immer behandelt wie den letzten Dreck», schrieb sie 1951, «leider liebe ich ihn.» Aus nicht geklärten Gründen ging 1974 ihr Krankenbett in Flammen auf; sie kam darin um.

Vor allem aber lektorierte sie, regte an zu ändern: missglückte Ausdrücke, «verdrehte» Formulierungen, unzureichende Jamben, nicht stimmige Milieubeschreibungen. Sie setzte Fragezeichen an den Rand, schrieb Bedenken auf kleine, in die Manuskripte eingelegte Zettel. Im Unterschied zu Brecht kam sie aus dem Arbeitermilieu und konnte sagen: ‹So spricht kein Arbeiter!› – ‹Ja, so drückt er sich aus!› Das war für ein Stück wie «Furcht und Elend des Dritten Reiches» von entscheidender Bedeutung. Brecht nennt sie als Mitarbeiterin der meisten Stücke, die im skandinavischen Exil entstanden sind.

Glücklich war sie dennoch nicht. Man sah es an dem nachdenklich, melancholischen Zug um ihren Mund. 1936 schrieb Grete aus der Sowjetunion an Brecht: «ich brauche wirklich dringend deine liebe. Deine liebe, es ist vielleicht doch so, wie es ist, zu schwer für mich: so stößt mir natürlich mächtig auf, dass ich kein ‹zu hause› hab, nirgends. ich muss immer für mich und meine koffer um einen platz bitten ...»

Rührend warb sie um die Zuneigung der kleinen Barbara, schrieb zu ihrem 10. Geburtstag eine hübsche Geschichte über sie, gab ihr Englischunterricht.

Aber Geliebte von Vätern haben keine Chance, von deren Kindern mitgeliebt zu werden, und sei es wenigstens in der Erinnerung. Es ist wohl auch zu viel verlangt.

Alles wäre leichter gewesen für Weigel und Steffin, wäre in Dänemark nicht noch eine Nebenfrau geradezu störend in ihre Gemeinsamkeit eingedrungen, eben jene Ruth Berlau, die Grete zunächst aufgenommen hatte. Damals hatten die beiden Frauen noch nichts von ihrer späteren Rivalität geahnt, aber schon damals hatte Margarete Steffin erstaunt, vielleicht sogar bewundernd miterlebt, zwischen welchen Extremen sich diese Frau bewegte.

Berlau war eine erfolgreiche Schauspielerin am Königlichen Theater und verheiratet mit einem zwanzig Jahre älteren, angesehenen und wohlhabenden Arzt. Sie kleidete sich mondän, trug teure Pelze und kostbaren Schmuck, fuhr ein exklusives Auto und war zugleich ein überzeugtes, aktives Mitglied der dänischen KP, Gründerin und Leiterin eines «Revolutionären Theaters», weithin bekannt als «rote Ruth».

Wer die Gastgeberin und ihren Gast Anfang 1934 zusammen erlebte, wird verblüfft gewesen sein, so verschieden waren die beiden Frauen. Grete: eher verhuscht, unauffällig, ein schüchternes Persönchen, das dauernd in der Angst lebte, nicht gut genug, nicht perfekt genug zu sein, und ständig fragte, ob es sich nützlich machen könne. Ruth: attraktiv, selbstbewusst, zuweilen arrogant, eine unternehmungslustige und temperamentvolle junge Frau. Wo sie auch hinkam, wimmelte es von Verehrern; sie war Anbetung gewöhnt.

Brecht und Weigel hatte sie durch Vermittlung von Karin Michaelis schon im August 1933 besucht, zunächst erstaunt, dass sich alles um den Dichter drehte, nicht um sie. Das war sie nicht gewöhnt, und es faszinierte die Verwöhnte. Dem Ehepaar war ihr Besuch hochwillkommen. Es kannte nur wenige Dänen, und diese Schauspielerin war eine einflussreiche Frau und dazu noch eine Brecht-Verehrerin; sie hatte in der dänischen Aufführung von «Trommeln in der Nacht» mitgespielt, einer der wenigen Inszenierungen dort. Der Autor war noch immer ziemlich unbekannt in Dänemark; es gab kaum Menschen, die sich für seine Arbeit interessierten. «Leben ohne Schüler / Schreiben ohne Ruhm / Ist schwer», hatte Brecht erfahren. Jetzt bot sich die Möglichkeit, zugleich eine Schülerin zu gewinnen und mit deren Hilfe etwas für den eigenen Ruhm zu tun.

Nichts will Ruth Berlau lieber! Sie besitzt einflussreiche Freunde, versteht, Kontakte zu vermitteln, öffnet mit Selbstsicherheit und Charme verschlossene Türen, arrangiert Interviews. Mit ihrer Arbeiterschauspielertruppe will sie «Die Mutter» aufführen und bittet sowohl den Dichter wie auch die

Kollegin Weigel um Rat und Hilfe. Die Freude über die neue Freundin war ganz allgemein.

Und nun zwei, drei Jahre später. Obwohl es Brecht ängstlich vor «den Leuten», vor allem vor den beiden Frauen, zu verschleiern sucht, sind die sich sicher: Brecht und Berlau haben ein Verhältnis. Die Schauspielerin macht das Versteckspiel auch nicht mit, sondern flirtet so unverhohlen mit dem neuen Geliebten, gibt sich so vertraut mit ihm, dass kein Zweifel bleibt. Das sei auch gut so, findet sie. Die anderen beiden Frauen haben sich damit abzufinden. Zu dieser Zeit ist Ruth Berlau überzeugt, eines Tages werde sie die einzige im Leben des Dichters sein.

Das Unglück lag in der Übereinstimmung der Frauen. Jede der drei hatte es sich zur Lebensaufgabe gemacht, Gefährtin des Genies zu sein, ihm zu helfen, ihm zu dienen. Sie liebten Brecht, er liebte sie, jede auf eine besondere Art: freundschaftlich, herzlich seine Helli, zärtlich beschützend seine Grete, dankbar Ruth Berlau für die Hingabe dieser schönen, so umschwärmten Frau an den vertriebenen Poeten. Brecht fühlte sich belebt, verjüngt wie jeder neu verliebte vierzigjährige Ehemann.

Für Weigel war die Situation nicht neu. Zwar mochte sie erwartet haben, dass Brecht im Exil sich anders verhalten werde als in Berlin, aber die Aufnahme einer neuen Mitarbeiterin in die Großfamilie – und darauf lief es hinaus – war ihr bereits vertraut. Ärgerte sie sich über ihre Blauäugigkeit? Diesmal war es ihr ähnlich gegangen wie vordem mit Steffin. Auch die hatte sie arglos eingeladen, zunächst mit der ihr eigenen Herzlichkeit empfangen. Und nun wieder diese Heimlichkeiten, Täuschungen und Lügen! Verlangte sie rückhaltlose Offenheit? Oder war sie ganz zufrieden, manches nicht zu wissen? Nach außen gab sich Weigel in perfekter Selbstbeherrschung gleichmütig, gelassen und geduldig, in Wahrheit war sie tief gekränkt und dachte erneut daran, Brecht zu verlassen.

Auch Margarete Steffin fühlte sich verletzt. Wenn schon nicht die Rolle der Ehefrau, so doch die der Geliebten, meinte sie, stehe ihr allein zu. Die von Brecht bewunderte Proletarierin fühlte sich von ihrem Platz verdrängt, «ausgestochen» durch eine elegante «Dame», wie sie Berlau spöttisch nannte. Die trat ihrem Geliebten mit einer Selbstsicherheit entgegen, die Grete in ihrer respektvollen, von Unsicherheit und Bescheidenheit gespeisten Bewunderung für Brecht unheimlich und fremd war. Nie hat sie eine gewisse Scheu und Gehemmtheit im Umgang mit ihm verloren, immer wieder hingebungsvoll um seine Anerkennung geworben. Die Bürger waren wieder unter sich. Grete zog den Ring ab, den ihr Brecht als Zeichen der Zusammengehörigkeit geschenkt hatte; er hatte ihren Pakt gebrochen. Was hätte sie sonst noch tun können? Zurück nach Deutschland konnte sie nicht mehr. Finanziell war sie auf das angewiesen, was Brecht ihr für die Arbeit zahlte. Sie hatte niemand, zu dem sie hätte fliehen können, es sei denn in Hellis Arme.

Hat sie das getan? Jedenfalls tat es ihr wohl, dass die «Hauptfrau» jetzt viel freundlicher zu ihr war als früher. Helene Weigel hatte sich mit Brechts Zuneigung zu der kranken, Mitleid erheischenden Grete allmählich abgefunden, ihre Bedeutung als seine Mitarbeiterin erkannt. Nun gab es etwas, was die beiden Frauen vereinte: Abneigung gegen «die Neue», Enttäuschung über Brecht. Helli sorgte dafür, dass Grete endlich eine Wohnung fand – sogar mit einem eigenen Arbeitszimmer –, über die sie sich sehr freute. Die Frauen richteten sie gemeinsam ein.

Der Brecht-Biograph Klaus Völker beurteilt die entstandene Situation erstaunlich positiv: «Die Beziehungen zu den drei Frauen, mit denen er einige Jahre ständig zusammenlebte, waren von schöner Herzlichkeit und gegenseitiger Erfüllung bestimmt. Sie alle waren für ihn Partner, in denen er sich verwirklichen konnte, mit denen er auch befreundet war, wenn man sich liebend umarmte.»

An solche Harmonie mag man nicht glauben. Wie tief er die

drei Frauen verletzte, ist Brecht in seinem kindlich-naiven Egozentrismus vielleicht wieder nicht bewusst geworden. Er nutzte schamlos Weigels Großzügigkeit und Steffins Hilflosigkeit aus. Er wird die so sichere Ruth Berlau in Verzweiflung stürzen. «Der Mann war ein Wesen besonderer Art. Im Endziel versuchte er den Menschen zu helfen. In der Handhabung war er ein Menschenverächter.» (Marieluise Fleißer, «Avantgarde»)

Helene Weigel mag es in Dänemark besonders wohltuend empfunden haben, dass Maria Lazar in ihrer Nähe war, die Freundin aus der Schulzeit und Vertraute. Oskar Kokoschka hat sie 1916 als «Dame mit Papagei» gemalt. Da Frau Lazar vorausgesehen hatte, was ihr, der Jüdin, auch in Österreich drohte, hatte sie Wien schon 1933 verlassen und war den Brechts im gleichen Jahr von der Insel Thurö nach dem Dörfchen Skovsbostrand gefolgt. Bis sie später nach Kopenhagen zog, wohnte sie zusammen mit ihrer Tochter in einem Nachbarhaus. Unter dem Namen Esther Grenen schrieb sie Romane, ein Schauspiel und zahlreiche Novellen. Da sie in den zwanziger Jahren mit einem Sohn der zweiten Frau von August Strindberg verheiratet gewesen war, erhielt sie die schwedische Staatsbürgerschaft und siedelte 1939, ebenso wie die Brechts, nach Schweden über. Diese intelligente, liebenswürdige und heitere Frau, die sich keine Illusionen über Männer machte und sarkastisch spotten konnte, war stets für Helli da, wenn die sich der Freundin anvertrauen wollte.

Trost hätte auch das Theater bieten können. Brecht wusste, was für die Weigel der Beruf bedeutete, und er bemühte sich im Exil unermüdlich um Rollen für seine Frau. Während eines Aufenthalts in Moskau erfuhr er von den Vorbereitungen für einen Film über den Reichstagsbrand über den beschuldigten, aber schließlich vom Leipziger Reichsgericht freigesprochenen bulgarischen Kommunisten Georgi Dimitroff und warb um eine Rolle für die Weigel. Vergeblich.

Endlich, 1936/37, ergab sich eine Chance. Der Regisseur des

Zu Beginn der dreißiger Jahre gehörten der Komponist Hanns Eisler (links) und der Regisseur Slatan Dudow (rechts) zu den wichtigsten künstlerisch-politischen Mitarbeitern Brechts. Eisler komponierte die Chöre für «Die Maßnahme» und vertonte zahlreiche Brecht-Texte. Dudow führte 1932 Regie in dem Spielfilm «Kuhle Wampe». Nach dem Krieg kehrten die beiden Männer – wie das Ehepaar Brecht–Weigel – nach Ost-Berlin zurück.

1932 entstandenen Films «Kuhle Wampe», Slatan Dudow, ebenfalls nun Flüchtling, fragte an, ob Brecht ein Stück über den spanischen Bürgerkrieg schreiben wolle. Der sagte zu. Steffin begann, in dänischen, englischen und deutschen Zeitungen nach Material zu suchen. Im ersten Halbjahr 1937 entstand «Die Gewehre der Frau Carrar», das Stück über eine andalusische Fischersfrau, deren Mann in den Kämpfen gegen Franco umgekommen ist und die deshalb wenigstens ihren Sohn vom Krieg fern halten will. Sie schickt ihn aufs Meer zum Fischen. Im Boot wird er von Franco-Anhängern erschossen. Nun verteilt die Mutter die von ihrem Mann im Haus versteckten, dort noch lagernden Gewehre und zieht selbst in den Kampf. «Es ist ein Appell an die Unterdrückten», so Brecht an Benjamin, «aufzustehen gegen die Unterdrücker, im Namen der Menschlichkeit. Denn die Menschlichkeit muss kriegerisch werden in solchen Zeitläuften, um nicht ausgerottet zu werden.»

In ihrer Sorge um den Sohn, der ursprünglichen Abneigung gegen Gewalt und in ihrer Bekehrung zur Kämpferin ähnelt die spanische der russischen Mutter, die Helene Weigel in Berlin so überzeugend gespielt hatte. Was lag näher, als dass sie auch in diesem neuen Stück die Hauptrolle übernahm? Sicherlich hat sie Brecht von vornherein für seine Frau geschrieben.

Helene Weigel kam aus Dänemark, Dudow aus der Schweiz nach Paris, und zusammen mit den geflohenen Kollegen aus Deutschland begannen die Proben. Sie mussten auf zwei Wochen beschränkt werden. Alles durfte nur wenig kosten. Zum Essen traf man sich in der Mansarde der einstigen Berliner Kollegen Steffi Spira und Günter Ruschin, die beide auch mitwirkten, und abends setzte man sich in das Hinterzimmer eines kleinen Restaurants, offiziell um einen ‹Schwarzen› zu trinken, in Wirklichkeit, um dort zu proben. «Das war immer eine sehr komische Situation», erinnerte sich die Weigel, «die Herren, die im vorderen Lokal saßen, gingen immer durch, weil, die Toilette war doch auch da hinten, nicht, die sich dann immer erstaunt noch den letzten Knopf zudrückten und wieder durchgingen … ganz seltsame Sachen.»

Unter dem Protektorat des Schutzverbandes Deutscher Schriftsteller und der Regie von Slatan Dudow fand am 16. Oktober 1937, einem Samstag, im Pariser Salle Adyar die Premiere statt. Das Publikum bestand hauptsächlich aus deutschen Flüchtlingen; aber auch aus Ungarn und Tschechen, die Deutsch verstanden. Außerdem waren Elsässer, Lothringer, Franzosen gekommen. In der ersten Reihe saßen Angehörige der deutschen Botschaft, die nach Berlin berichteten.

Merkte man, dass die Hauptdarstellerin fünf Jahre nicht auf der Bühne gestanden hatte? Die Schriftstellerin Anna Seghers, die sie an diesem Abend sah, bescheinigte: Nichts war vertan worden, nichts verloren gegangen von ihrer Begabung und ihren Kenntnissen. «Da war es auf einmal wieder da, das wirkliche Deutsch … Das Klare und Einfache, das, daheim korrumpiert und entstellt, hier in der Fremde durch die einzelne Frau zu uns sprach.»

Brecht, der seine Frau ebenfalls an diesem Abend erlebte, war geradezu hingerissen. Wie nie zuvor habe sie seine Vorstellungen vom epischen Theater umgesetzt: «Wiewohl sie alles zeigte / Was nötig war, eine Fischerfrau / Zu verstehen, verwandelte sie sich doch nicht restlos / In diese Fischerfrau, sondern spielte / So, als sei sie außerdem noch beschäftigt mit Nachdenken …» und lud so ein, das auch zu tun.

Gleich mehrfach lobte er überschwänglich: «Helli war besser als je» und «Ihr Spiel war das Beste und Reinste, was bisher an epischem Theater irgendwo gesehen werden konnte.»

Sicherlich hatten Brechts Lobeshymnen und Gewogenheitsbekundungen in Versform auch etwas mit der Tatsache zu tun, dass es in seiner Ehe kriselte und er wusste, wie gut seiner Frau Zuspruch und offene Bewunderung taten. War das ein Weg,

Helli zu versöhnen? Wenn Brecht bemerkte, dass eine seiner Frauen sich von ihm trennen wollte, umwarb er sie erneut. So war das damals, so wird es bleiben.

Bis zum Dezember 1937 spielte Helene Weigel die Rolle abwechselnd in Paris und Prag und benutzte den Aufenthalt sowie verschiedene Reisen auch nach Österreich und in die Schweiz zu Erkundigungen über die Möglichkeiten für eine selbständige Existenz. Was sie erfuhr, ermunterte sie nicht.

Beunruhigt über ihr langes Fernbleiben, schrieb Brecht ihr häufiger als sonst und schickte im November zusammen mit seinem Sohn eine «Resolution»: «Werte Genossin, der Gatten- und Söhnerat hat beschlossen, Dich aufzufordern, nach Erledigung Deiner Obliegenheiten *ohne Verzug* zurückzukehren und Deine Tätigkeit hier wieder aufzunehmen. Du hast Dich also baldmöglichst bei Untigen zu melden. Mit rev(olutionärem) Gruß Steff, bidi.»

Zwar kam die «werte Genossin» noch rechtzeitig zum Weihnachtsfest zurück, aber den Gedanken an ein unabhängiges Leben mit den Kindern hatte sie immer noch nicht aufgegeben. Erst 1938 änderte sich das.

Noch zweimal ergab sich die Gelegenheit, als Brechts Interpretin auf der Bühne zu stehen. In Kopenhagen inszenierte er selbst mit deutschen Laienschauspielern «Die Gewehre der Frau Carrar». Seine Frau mochte diese Aufführung lieber als die Pariser. Später, in Ost-Berlin, erinnerte sie sich: «Es war eine hochinteressante Arbeit, und zwar deshalb, weil diese Leute am Anfang sehr geniert waren und das nur mehr oder minder gezwungen und ungern als eine politische Aufgabe betrachtet haben. Daß das Arbeit ist, und zwar eine ganz große ... haben (sie) bald begriffen, und dann begann eine interessante Arbeit, mit Kleinarbeit, bei der sie Details sehr genau untersuchten. Zum Beispiel hatte der Darsteller des Padre einen Sprachfehler. Das machte ihn sehr unglücklich; er meinte, daß er mit sowas doch

Nichts «war vertan worden, nichts verlorengegangen von ihrer Begabung und von ihren Kenntnissen». So urteilte die Schriftstellerin Anna Seghers nach der Uraufführung von Brechts «Die Gewehre der Frau Carrar» im Oktober 1937 in Faris. In der Hauptrolle: Helene Weigel; Regie: Slatan Dudow, auf dessen Anregung der Autor dieses Stück über den Spanischen Bürgerkrieg geschrieben hatte.

nicht Theater spielen könne. Wie er dazu kam, zu begreifen, daß man aus dieser Sprachhemmung für die Figur etwas herausholen kann, war wunderschön. Diese Aufführung hatte ich furchtbar gern.»

Im Frühjahr 1938 trafen sich die Mitwirkenden der Carrar-Aufführung und ihr Regisseur wieder in Paris. Brecht hatte anhand von Augenzeugenberichten und Zeitungsartikeln eine Szenenfolge geschrieben, die später den Titel «Furcht und Elend des Dritten Reiches» erhalten sollte. Acht dieser Szenen brachten die Schauspieler in Paris jetzt auf die Bühne. Helene Weigel spielte in drei der kleinen Stücke. Am nachdrücklichsten blieb «Die jüdische Frau» in Erinnerung, eine Szene, zu der sie ihren Mann selbst angeregt hatte. Johannes Edfeldt, ein Schwede, hat die Wirkung auf die Zuschauer beschrieben: «Ich betrachte die Umsitzenden: lauter gespannte, atemlose, blasse Gesichter, die jedes Wort in diesem leisen Monolog einzusaugen scheinen, der ihr eigener ist. Jemand in meiner Nähe wird ohnmächtig, jemand stößt einen hysterischen Schrei aus, und ich höre halbersticktes Schluchzen links und rechts von mir.»

Natürlich erklärt sich die außergewöhnliche Reaktion des Publikums auch aus der politischen Situation. Antifaschisten im Exil beglückte im Jahre 1937 die Solidaritätsbekundung mit den kämpfenden Brigaden im spanischen Bürgerkrieg, die Szenenfolge 1938 als antifaschistische Kundgebung, als Beitrag zum Widerstand, zur Aufklärung darüber, was in Deutschland nun geschah. «Das künstlerische Niveau», erinnerte sich Steffi Spira später, «war nicht so, daß das einem die Schuhe auszieht.» Was konnte man unter den schwierigen Bedingungen, angesichts geringer Mittel und dadurch beschränkter Probezeiten auch anderes erwarten? Nicht alle Schauspieler hatten das Format der Weigel.

Es war das Theater, das die Brechts einander wieder näher brachte. Helene Weigel war froh, wenngleich auch nur für kurze

94

Zeit, ihrer «idiotischen Existenz» entronnen zu sein. Die Katastrophe, verbunden mit dem Namen Berlau, verlor allmählich die Schärfe, die sie bei ihrer Entdeckung gehabt hatte, und wich jener stoischen Nachsicht, die Helli angesichts der wechselnden Brecht-Geliebten schon in Berlin erworben hatte. Später wird sie erklären, dass man als «Ehefrau eines Genies manches toleriert, was in einer normalen Ehe» ausgeschlossen wäre. Damals, 1938, gestand sie ihrem Mann: «... ich bräuchte dich unter allen Umständen, zu allen Dingen und Zeiten.» Und er schrieb: «Der Verläßlichen, der die Polizei den Mund zuhielt / Der Unerschrockenen, die den Unterstand baute mit dem Strohdach, das Gesicht nach Süden gewandt / Der Freundlichen und Verständigen, welche die Kinder zu freundlichen machte und zu verständigen / Der Warmherzigen.»

Doch die Bühne blieb Helli fortan wieder lange Zeit versperrt. Auf ihrem finnischen Personalausweis wird als Berufsangabe einfach Hausfrau eingetragen werden.

IV. «ÖFTER ALS DIE SCHUHE DIE LÄNDER WECHSELND»

Das Exil

Sie kommen aus Helsinki. Wie lange es dauert, bis das Gepäck ausgeladen ist! Siebzehn, achtzehn, neunzehn Stück ... Die Beamten der sowjetischen Grenzstation sehen beunruhigt auf den Kofferberg, die Bündel und die Taschen, blicken misstrauisch auf das beschriebene Papier, die Manuskripte. Grete, die als Einzige Russisch spricht, beteuert unermüdlich, Towarisch Brecht sei ein berühmter Dichter, ein Freund der UdSSR. Charascho! Den Stempel her! Und nun alles wieder einladen, das nächste Ziel heißt Leningrad. Dort wartet ein Helfer vom Außenministerium, der sich um die Weiterreise kümmert.

Am 17. Mai 1941 trifft die Reisegruppe in Moskau ein. Im Hotel Metropol sind Zimmer reserviert. Wo die vielen Sachen unterbringen? Das Gepäck steht überall herum. Helli fragt, wem was gehört. Der sechzehnjährige Steff räkelt sich in einem Schaukelstuhl, in einer Ecke kauert Barbara. Brecht hat einen der Tische okkupiert. Ziemlich verloren sitzt Steffin herum. So trifft ein Freund die Großfamilie an. Ihre neue Odyssee hatte vor zwei Jahren begonnen, nach der Besetzung Österreichs und der Tschechoslowakei.

Die nur dreißig Kilometer von der deutschen Grenze entfernte dänische Zufluchtsstätte war dem Ehepaar zu unsicher geworden. Ohne allzu große Schwierigkeiten gelang es mit Berlaus Hilfe im April 1939, nach Schweden auszuweichen. Brecht und

Weigel folgte Steffin mit den Kindern Anfang Mai. Das Haus in Skovsbostrand fand einen neuen Käufer. «Ich bin sicher, Sie haben eine Vorstellung von der Peinlichkeit, auf einer dieser Inselchen zu sitzen, wenn die Schlächterei anzufangen scheint», schrieb Brecht an einen Bekannten.

Zunächst noch im Begriff, in Schweden oder Norwegen eine neue Bleibe zu erwerben, wird die Familie ein Jahr später erneut zur Flucht getrieben. Die Deutschen besetzen Dänemark und Norwegen. Brecht, von großer Unruhe erfasst, hält es für ratsam, Schweden unverzüglich zu verlassen. Freunde bestärken ihn darin. Auch die Behörden üben Druck auf die vertriebenen Deutschen aus. Das Haus, in dem sie wohnen, wird von der Polizei durchsucht. Es ist fraglich, ob die Aufenthaltsgenehmigung der Brechts verlängert werden wird. Das nächste Fluchtziel: Finnland. Sieben Jahre nach ihrer Vertreibung aus Berlin, ein Jahr nach ihrer Flucht von Dänemark nach Schweden, im April 1940, erreicht die Familie Helsinki. Die Brechts sind jetzt entschlossen, weiter nach Übersee zu fliehen. In Finnland wollen sie auf Visa warten und dann weiterreisen: nach Mexiko, womöglich nach Haiti, am liebsten in die USA.

Mit ihren Unterkünften haben sie bisher Glück gehabt. Gewiss, ein eigenes Haus mit Garten, so etwas gab es nun nicht mehr. Aber wenigstens gab es überall billige Hotels. In Schweden gelang es bald, auf der Insel Lidingö vor Stockholm das tannenumstandene Landhaus einer Bildhauerin zu mieten, deren Atelier, sieben Meter lang, Brecht als Arbeitsraum benutzte. Aus Dänemark kamen die Bibliothek und ein Teil der Möbel nach.

Im Sommer 1940 lud die finnische Schriftstellerin Hella Wuolijoki die Brechts ein, auf ihrem Gutshof Marlebäck zu wohnen. Das Anwesen lag etwa 120 Kilometer nordöstlich von Helsinki entfernt in der Landgemeinde Kausala, im wald- und wasserreichen Binnenland. Vom nahen Fluss wehte eine frische Brise, Gras raschelte, geschlagenes Holz duftete, in den hohen Birken

97

zwitscherten die Vögel, und unter den Bäumen pflückte Barbara mit ihrer Mutter Walderdbeeren. Ihr Vater platzierte neben dem Schreibtisch seine japanischen Masken, ein Foto von Helli, ein Zitat von Lenin.

Hella Wuolijoki war Mitte fünfzig, Schriftstellerin und sozialistische Politikerin, zugleich eine tüchtige Gutsherrin und Geschäftsfrau. Manchmal lud sie abends ihre Gäste in das große, über hundert Jahre alte Gutshaus ein. Sie sprach acht Sprachen, darunter Deutsch. Das half über die Erkenntnis hinweg, dass Brechts nun keine Besucher mehr aus Deutschland oder sonst woher erwarten konnten. Die Gutsherrin ließ Kaffee servieren, zog die Beine hoch aufs Sofa und erzählte bis in die Nacht hinein die wunderschönsten, aufregendsten Geschichten. Manchmal vergaßen ihre Gäste darüber wenigstens für kurze Zeit, was in Europa vorging und wie viel Grund sie hatten, sich zu fürchten.

Im Sommer 1940 notierte der Radiohörer Brecht: «die welt ändert sich jetzt stündlich ... eines tages schwieg wien, eines andern tages prag. warschau hörte man noch länger, dann schwieg warschau, und kopenhagen und oslo brachten nur noch die deutschen Sendungen. jetzt gibt es paris nicht mehr ... steff und ich hatten nacheinander immer neue landkarten zu betrachten, die polnische, dann die skandinavische, dann holland, belgien, frankreich, jetzt liegt england offen»; «alles und jedes zeigt die wachsende macht des dritten reiches.»

Zugleich wurde es immer schwieriger, die Politik Stalins zu verstehen: den deutsch-sowjetischen Nichtangriffspakt, den sowjetischen Einmarsch in Ostpolen und schließlich, im Winter 1939/40, den Überfall auf Finnland. Wieder bemühte sich Brecht um eine ‹dialektische› Betrachtung. Glich Stalins Pakt mit Hitler nicht einem genialen Schachzug, um die Sowjetunion aus einem drohenden Krieg herauszuhalten? Die Luft ist «klarer», notierte Brecht, «man hat einen krieg zwischen imperialistischen staaten, man hat deutschland als angreifer und kriegsbrandstifter». Doch schon zwei Tage später weiß er: «die [Sowjet]union trägt vor dem weltproletariat das fürchterliche stigma einer hilfeleistung an den faschismus, den wildesten und arbeiterfeindlichsten teil des kapitalismus. ich glaube nicht, dass mehr gesagt werden kann, als dass die union sich eben rettete, um den preis, das weltproletariat ohne losungen, hoffnungen und beistand zu lassen.» Ähnlich die Reaktion auf den sowjetischen Einmarsch in Polen: Überlegungen über strategische Nachteile, die sich dadurch für die weitere deutsche Kriegsführung ergeben könnten, werden überdeckt durch Verbitterung über «die vierte teilung polens, die aufgabe der parole ‹die UdSSR braucht keinen fußbreit fremden bodens›, die aneignung der faschistischen heucheleien von ‹blutsverwandtschaft›, befreiung der ‹brüder› …» Das Proletariat, die Massen werden nicht gefragt, es wird befohlen.

Die Folgen des sowjetischen Überfalls auf Finnland sahen die Brechts mit eigenen Augen in Helsinki. Dort lebten an die 250000 Menschen in Notunterkünften: Flüchtlinge aus den von den Sowjets annektierten Gebieten und obdachlos gewordene Opfer eines Luftangriffs. Das Land verarmte; es gab Lebensmittelkarten für Brot, Fett und Milch. Das finnische Proletariat müsse befreit werden, hatten die Aggressoren erklärt. Was für ein Hohn! Finnische Proletarier wandten sich verbittert faschistischen Vereinigungen zu.

Über die Reaktion Helene Weigels auf die sowjetische Politik ist nichts bekannt. Aber als ihr Mann nach Moskau kommt, macht er sich nur noch wenig Illusionen.

Wie war das möglich? Die Deutschen haben Polen überfallen und marschierten in Paris ein. «ein weltreich ist zusammengestürzt» – Brecht schreibt in Schweden «Der gute Mensch von Sezuan». Die Deutschen erobern den Balkan – Brecht glättet die Jamben seines Stückes über den Aufstieg Adolf Hitlers, seinen Arturo Ui. Die Luftschlacht um England ist entbrannt; unruhig wartet die Familie auf Visa, um Europa zu verlassen. Brecht schreibt nach einer Vorlage Hella Wuolijokis über Herrn Puntila und seinen Knecht, ein schwankartiges Volksstück, eine heitere und beschwingte, derbe und draufgängerische Komödie über einen finnischen Gutsherrn, überströmend herzlich, brüderlich im Suff, rücksichtslos und brutal, wenn er nüchtern ist. Verwundert über sich selbst konstatiert der Dichter, «daß solche kriege sein können und daß immer noch literarische arbeiten angefertigt werden können. der puntila geht mich fast nichts an, der krieg alles; über den puntila kann ich fast alles schreiben, über den krieg nichts. ich meine nicht ‹darf›, ich meine auch wirklich ‹kann›. es ist interessant, wie weit die literatur, als praxis, wegverlegt ist von den zentren der alles entscheidenden geschehnisse.»

Es gibt kaum einen Abschnitt im Leben des Bert Brecht, in dem er so produktiv gewesen ist wie während der beschriebenen zwei Jahre. Seine während der skandinavischen Odyssee entstandenen Werke sind weit über das Niveau der kommunistischen Lehrstücke hinausgewachsen.

Umgekehrt gilt für seine Frau: Selten hat sie so unter ihrer künstlerischen Untätigkeit gelitten. Peter Weiss, von Zeitgenossen informiert, beschreibt das in der «Ästhetik des Widerstands»: «Trotz Brechts Betriebsamkeit [in Stockholm] war eine eigentümliche Bedrückung und Lähmung in der Atmosphäre zu spüren. Es mochte dies zusammenhängen mit der Erscheinung Weigels, die, abgeschnitten von ihrem Beruf, drinnen im hohen Kasten des Hauses umherschlürfte und polterte und deren Gesichtszüge, die nach einem anderen Ausdruck verlangten als dem der Verdrossenheit und Selbstaufgabe, manchmal, wenn sie sich in der Tür der Halle zeigte, von einem bitteren Zorn durchbrochen wurden.» Auch andere schildern Helene Weigel in Stockholm als eine ausgegrenzte, resignierte Frau. Während Brecht mit seinen Gästen ausgiebig über Politik und Kunst debattierte, saß sie entweder schweigend dabei oder verharrte «draußen in ihrer Absonderung», darauf wartend, dass die Besucher sich verabschiedeten.

Auch in Finnland fand sich nicht die geringste Arbeitsmöglichkeit für sie. Als sie auf Einladung ihrer Gastgeberin eine Generalprobe besuchte, flüsterte sie weinend Frau Wuolijoki zu: «Wenn ich doch bloß wieder einmal auf einer Berliner Bühne stehen und in meiner Sprache junge Frauen spielen könnte … Neun Jahre bin ich jetzt weg von der Bühne, und meine Jugend vergeht.» Dann tröstete sie sich wieder: «Ich habe ja Brecht und die Kinder.»

Die Kinder hat sie. Aber den Brecht muss sie sich teilen mit zwei anderen Frauen, in Finnland wie auch auf der Weiterreise. Von Stockholm nach Helsinki aufbrechend, hatte er Ruth Berlau aufgefordert, ihm nach Finnland nachzukommen, «denn von jetzt ab warte ich auf Dich, wohin ich immer komme und rechne immer mit Dir». Die so Umworbene hatte sich entschlossen, ihr Leben in seine Hand zu geben; eines Tages stand sie vor der finnischen Gutshaustür.

Die ursprüngliche Hoffnung der beiden anderen Brecht-Frauen, «die Dritte» werde in Kopenhagen zurückbleiben, hatte sich als Illusion erwiesen. Schon vorher, an spielfreien Tagen und im Urlaub, sooft die Arbeit es erlaubte, war sie nach Stockholm gekommen. «Nun wird es schlimm», so damals die erschreckte Grete. Sie ahnte nicht, dass es noch schlimmer kommen würde.

Zunächst versuchten Helli und auch Grete, die Neue, so weit es ging, zu ignorieren. Das aber ließ Ruth, die als schwierig und exzentrisch galt, nicht zu. Wenn das Ehepaar und Brechts «Sekretärin», Frau Steffin, irgendwo eingeladen waren, kam sie einfach mit. Die Hauptfrau weigerte sich, mit der zweiten Nebenfrau unter einem Dach zu leben. Die Wuolijoki solidarisierte sich mit Helli und wollte Brechts ungestüme Geliebte auch nicht mehr in ihrem Gutshaus haben. Daraufhin schlug Ruth ein Zelt auf, in dem sie fortan arbeitete, schlief und Brecht empfing. Auch in den umliegenden Wäldern verabredete sich das Liebespaar.

Soll nun wiederum gelten, dass Genies anders zu beurteilen sind als Durchschnittsbürger? Oder dass Brecht ein Mann gewesen ist, der es jeder seiner Frauen recht zu machen suchte und einfach nicht begriff, dass das nicht klappt? Erich Kästner ging es ähnlich. Beide wollten jeder ihrer Frauen treu sein, keine sollte im Stich gelassen werden. Brechts drei Frauen haben das mitgemacht. Was sollten sie auch tun? Unter den Bedingungen von Flucht und Exil gab es kaum eine Alternative.

Jede wehrte sich auf ihre Weise: Helli protestierte; vergebens. Ruth provozierte; ebenfalls vergebens. Grete lag schluchzend über ihrem Bett. Wo sollte Weigel mit ihren beiden Kindern hin? Berlau konnte nicht zurück nach Dänemark. Der Besitz der schwer kranken Steffin bestand aus fünfzehn englischen Pfund, eingenäht in ihren braunen finnischen Kapuzenmantel. Damit kommt man nicht weit. Gerade die Hilflosigkeit der Frauen, ihre Abhängigkeit von Brecht in diesen Zeiten macht ihre Demütigung so schwer erträglich. Das Geniale und das allzu Menschliche, das Banale im Privaten und die Katastrophe, verursacht durch die Politik – das alles existiert zusammen.

Mit seinem Tross, drei Frauen und zwei Kindern, durchquert der große Brecht den von Krieg zerrütteten Kontinent, vorbei an den sowjetischen Schlachtfeldern von morgen, schreibend, dichtend, dazwischen eine seiner Frauen beglückend, die erste, zweite oder dritte, Eifersucht erregend bei den Nichtbeglückten, oft beschwichtigend, zuweilen fürsorglich, faszinierend durch seine einzigartige dichterische Sprache, durch Einfälle und Ideen, Hilflosigkeit und Souveränität, anregend zum Denken und zum Dienen – ihm, ihm, ihm, dem Bub und Weisen. Und niemand weiß, wohin das führen, wie das enden wird.

Als die Großfamilie im Moskauer Hotel Metropol eintrifft, meint sie, die größten Schwierigkeiten überwunden zu haben: Man besitzt Visa für die USA.

Schon in Dänemark hatten die Brechts, zunächst noch halbherzig, begonnen, sich um entsprechende Papiere zu bemühen: für die USA und vorsichtshalber, falls das nicht klappen sollte, auch für Mexiko. Aus den verschiedenen Städten in den Staaten kamen Hilfsversprechen. Erwin Piscator, jetzt in New York, teilte mit, Brecht könne an der New York School for Social Research als Lektor tätig werden und so zu einem Arbeitsnachweis kommen, der die Einreise erleichtern würde. Auch Hanns Eisler und Fritz Kortner, inzwischen in den USA, natürlich auch Elisabeth Hauptmann boten ihre Hilfe an. Auf Initiative des früheren deutschen Regisseurs Fritz Lang wurde in Hollywood ein Unterstützungsfonds für die Familie eingerichtet.

In Schweden hatte Helene Weigel die Visaangelegenheiten voranzutreiben versucht, vorsorglich auch schon Schiffsplätze reserviert – aber nicht für Berlau. Doch ihr Mann bestand darauf, dass auch Ruth mitgenommen werde. Hellis Protest blieb ungehört.

Doch durch die ménage à quatre ergaben sich besondere Schwierigkeiten. Als die Brechts in Helsinki eintrafen, besaßen sie immer noch keine Einreisepapiere für die USA. Der angesichts der Großfamilie argwöhnische amerikanische Konsul verlangte nicht nur einen Nachweis über die erforderlichen Reisegelder, es müsse auch jeder, der in sein Land einreisen wolle, so erklärte er, eintausend Dollar vorweisen können. Brecht schrieb an alle nur möglichen Freunde und Bekannte in den USA. Helli borgte Geld, wo immer sie nur konnte. Eine schauderhafte Situation.

Als das nötige Geld beisammen war, kam der Konsul mit weiteren Zumutungen. Er verlangte, die dänischen Behörden müssten die Rückkehr der ganzen Gruppe und ihren erneuten Aufenthalt in Dänemark garantieren, falls die Visa nicht erteilt werden würden und alle dahin zurückverfrachtet werden müssten. Ins besetzte Dänemark! Dies zu garantieren sei die sicherste Gewähr dafür, dass die Leute nicht zurückkommen müssten, schrieb ein gewitzter Kopenhagener Beamter auf das entsprechende Gesuch.

Und nun der Höhepunkt! Hatte der amerikanische Bürokrat erfahren, dass Helene Weigel Mitglied der Kommunistischen Partei war? Jedenfalls forderte er die geflohene Jüdin auf, telegrafisch in Berlin ein polizeiliches Führungszeugnis anzufordern. Schlaflose Nächte muss sie das Ansinnen gekostet haben. Aber das Unerwartete geschah: Während in Deutschland die Vernichtung der Juden, die «Endlösung» vorbereitet wurde, traf in Finnland ein Schreiben aus Berlin mit dem erbetenen Leumundszeugnis ein.

Endlich bestand für die Brechts Aussicht auf die ungeduldig erwarteten Papiere – der Antrag Berlaus machte offenbar keine besonderen Schwierigkeiten – anders der für Steffin. «Ich bin sehr betrübt, daß ich voraussichtlich … wohl allein irgendwo, weiß nicht mal wo, sitzen werde», schrieb sie an Elisabeth Hauptmann. Aber wenn Brecht die Chance bekomme, nach den USA zu gehen, müsse er sie nutzen.

An ein Einreisevisum für die unheilbar Kranke war tatsächlich nicht zu denken. Auch nach Mexiko, das immerhin im Dezember 1940 die Einreise für die Familie gestattet hatte, durfte sie nicht. Auch deshalb hatte Brecht entschieden, diese Möglichkeit nicht wahrzunehmen. Von den Amerikanern wurde nun ein Touristenvisum für Steffin erbeten, und zwar unter dem Vorwand, sie müsse dort für die Schriftstellerin Hella Wuolijoki recherchieren.

Endlich, am 2. Mai 1941, wurden den Brechts die Visa ausgehändigt. Noch immer fehlte die Genehmigung für Grete. In Helsinki entstand eine dramatische Situation. Helli, deren Nerven durch das Vorangegangene bloßlagen, geriet in Panik. In einem finnischen Hafen, so hieß es, seien zwölf deutsche Kriegsschiffe eingelaufen und überall im Land motorisierte deutsche Einheiten gesichtet worden. In Helsinki trieb sich eine Menge uniformierter Deutscher herum. Stand auch in Finnland eine Invasion bevor?

Doch Brecht weigerte sich, ohne Grete abzufahren. «Ich kann sie ja unmöglich einfach zurücklassen», hatte er schon früher Erwin Piscator anvertraut. «Sie ist seit zehn Jahren meine engste Mitarbeiterin und steht mir menschlich viel zu nahe.» An diesen Grundsatz hielt er sich. Abfahrt ohne Grete – nein. Nach langem Zögern der amerikanischen Behörden erhielt Margarete Steffin am 12. Mai ein Touristenvisum. Am nächsten Morgen brach die Gruppe auf. Die einzige noch freie Route nach Amerika führte über Moskau–Wladiwostok und den Pazifik.

Arme Helli! In Moskau hetzt sie von einem Geschäft, von einem Amt zum nächsten. Die Familie muss versorgt und die zehnjährige Barbara beschäftigt werden. Bei Verlagen sind Tantiemen fällig, nicht nur für Brecht. Auch von Feuchtwanger hat sie eine Vollmacht, die seinen abzuholen und zu verbrauchen. Das Geld muss im Land ausgegeben werden. Brecht kauft zwei Persianer-Pelze, einen braunen für Helli, einen schwarzen für Ruth. Jetzt fehlt noch die offizielle Ausreisegenehmigung aus der UdSSR! Die Buchung für das Schiff ab Wladiwostok muss nachgewiesen werden! Erst dann können auch die Fahrkarten für den Transsibirien-Express erworben werden. Und was ist mit den Abteilreservierungen für den Zug? Die Bürokratenmühlen mahlen langsam.

Brecht trifft sich mit Schriftstellerkollegen, deutschen und sowjetischen. Für sein episches Theater interessiert sich keiner. Eher werden seine Stücke in der kapitalistischen Bankenstadt Zürich aufgeführt als in der Metropole des Kommunismus. Der Vorsitzende des Schriftstellerverbandes Alexander Fadejew, berühmt geworden durch seinen Roman «Die junge Garde», bemüht sich, den Brechts während ihres kurzen Aufenthalts zu helfen. Aus dem Kreml erhält Fadejew immer noch Namenslisten verhafteter Autoren, die aus dem Verband auszuschließen sind. 1956, nach den Enthüllungen über Stalins Verbrechen und den Anklagen auch gegen ihn, wird Fadejew sich das Leben nehmen.

Am Hauptort der Verbrechen, in Moskau, erfahren die Brechts, wie viele ihnen bekannte Menschen, zu denen der Kontakt plötzlich abgebrochen war, in den vergangenen Jahren plötzlich, eines Nachts, verschwunden waren. Außer Carola Neher auch Asja Lacis, die zeitweilige Lebensgefährtin Benjamins, eine gute Bekannte aus Berlin, und so viele andere, die sie gerne hatten und schätzten.

Maria Osten ist noch da, jene deutsche Gutsbesitzertochter und Journalistin, die 1932 aus politischer Begeisterung und Liebe zu Michail Kolzow in die Sowjetunion gegangen war und Brecht vor einigen Jahren in London so ausnehmend gut gefallen hatte. Ihre Großzügigkeit und Gastfreundschaft ist unter den deutschen Emigranten Legende. Viele fanden nach Hitlers Machtantritt bei Maria eine erste Zuflucht, auch Margarete Steffin hatte sie schon beigestanden.

Jetzt, da Kolzow verhaftet und sie selbst aus der KPdSU ausgeschlossen ist, verwehrt ihr der Pflegesohn den Zutritt zu der eigenen Wohnung. Einstige Genossen wie Johannes R. Becher reden nicht mehr mit ihr. Maria, unglücklich, verzweifelt, bemüht sich, den Brechts und ihrer Freundin Grete zu helfen, wo sie kann.

Bringt der Umgang mit ihr auch die Betreuten in Gefahr? Forschungen haben ergeben, dass Brechts Name womöglich schon 1932 in den Akten des NKWD vermerkt worden war. Auf jeden Fall taucht er in den Verhörprotokollen Carola Nehers und anderer während der großen Säuberungen inhaftierter Freunde und Bekannter auf. Die Brechts wollen die Hauptstadt so schnell wie möglich wieder verlassen.

Ausgerechnet jetzt wird Grete ernsthaft krank. Das alles war zu viel für sie: die Kälte in Stockholm, das schlecht geheizte Zimmer dort, in dem sie nur eingepackt in eine Decke sitzen konnte, die karge Kost in Finnland, die anstrengenden Reisen, «die aufregungen und ängste, besonders auch die furcht, sie könnte schuld daran sein, daß wir alle nicht mehr wegkommen würden» – Brecht hat das in seinem Arbeitsjournal beschrieben. Da sich ihr Gesundheitszustand in Moskau verschlechterte, konnte sie die Freunde schon bald nicht mehr zum Dolmetschen in die Stadt begleiten, sondern musste in einem besonderen Zimmer des Hotels ärztlich versorgt werden.

Am 29. Mai 1941 hat sich ihr Zustand so verschlechtert, dass sie in eine Klinik muss. Während Grete auf die Ambulanz wartet, grau im Gesicht und mit eingefallenen Wangen, packen Brecht und seine Frau zwei Koffer für die Kranke. Ihre persönliche Habe besteht aus einem «zerbrochenen kamm, unstopfbaren strümpfen, papierresten, bleistiftklumpen, durchlaufenen schuhen, fotos von verblichenen ausflügen», aber auch aus einem von Caspar Neher für sie bemalten seidenen Tuch, kleinen Holz- und Elfenbeinelefanten, die Brecht ihr schenkte, einem chinesischen Morgenrock, Wörterbüchern, einem Lenin-Foto. Brecht fährt in die Klinik mit.

Dort kennt man sie schon von früheren Aufenthalten, gibt ihr ein großes, schönes Einzelzimmer und ruft die besten Ärzte an ihr Bett. Brecht wirkt sehr aufgeregt. Am späten Nachmittag kommt er wieder. Inzwischen hat er versucht, die gelösten Schiffskarten gegen spätere einzutauschen, war aber gescheitert, also müssen die Brechts die Stadt am nächsten Tag verlassen. Grete lächelt und verspricht, nachzukommen, wenn es ihr wieder besser geht.

Am nächsten Tag kommt er noch einmal und bringt ihr einen

neuen kleinen Elefanten. Sie bleibt ganz ruhig, als er ihr zum letzten Mal über das Haar streicht. Maria Osten und andere werden sich um sie kümmern; das haben sie versprochen. Die Ärztin nimmt den Besucher beiseite: Der Zustand der Patientin sei fast hoffnungslos. Es gäbe kaum noch Überlebenschancen. Brecht antwortet: «Ich hoffe doch.»

«Die arme Grete mit ihren großen, treuen Augen, immer lächelnd und lebensfroh – mit sonniger Gelassenheit trug sie den Stempel des Todes auf ihrem Gesicht», schrieb Hella Wuolijoki über sie. Aber die Finnin hatte niemals miterlebt, wie sich Grete auf ihr Bett warf, in die Kissen weinte, schluchzte, die Krankheit verfluchend, übermannt vom Schmerz, auch über Brecht und seine anderen Frauen. «Brecht fraß viel Leben», hat Lion Feuchtwanger bemerkt. Margarete Steffins gehörte dazu. Aber hätte eine Fee an ihrem Krankenbett die Uhr um ein Jahrzehnt zurückgestellt und ihr die Chance gegeben, es noch einmal zu durchleben – Steffin hätte sich gewiss wieder für Bert Brecht entschieden. Er hat Fähigkeiten in ihr geweckt, von denen sie selbst nicht einmal wusste, Begabungen freigelegt, sie liebevoll in eine große, weite Welt geführt und ihr einen Lebenssinn gegeben, auf den sie stolz sein konnte.

Aus dem Krankenhaus zurückgekommen, bricht Brecht mit seiner Familie und Ruth Berlau zum Jaroslawer Bahnhof auf. Um siebzehn Uhr verlässt der Zug die Stadt. «die allgemeine ansicht ist, daß die USSR noch geraume zeit frieden haben wird», notiert Brecht.

Bis Wladiwostok braucht der Zug zehn Tage. Berlau hat eine eigene Kabine. Die Brechts drängen sich zusammen mit den Kindern in einem Schlafabteil. Aber in einem kleinen Zugsalon kann man Schach spielen, Tee trinken und Radio hören. Helli versucht, Steff und Barbara die Langeweile zu vertreiben; sie spielt mit ihnen Karten und erzählt Barbara Geschichten.

Brecht steht mit der zurückgelassenen kranken Grete in ständigem telegrafischen Kontakt. Am sechsten Reisetag, fünftausend Kilometer hinter Moskau, erhält er die Todesnachricht: Am 4. Juni, früh am Morgen, ist sie ruhig eingeschlafen.

Lange steht er allein auf dem Gang. Ruth geht hinüber zur Familie, fragt, ob sie Bert ihr Abteil anbieten solle. «Wozu?», antwortet ihr Helli. «Das vergisst er schnell.» So viel Kälte traut Helene Weigel ihrem Mann zu? So viel Kälte bringt auch sie angesichts der Todesnachricht auf? Es scheint, Mitleid, weibliche Solidarität in schweren Stunden, ihr Beistand haben der lebenden Steffin gegolten. Bleibt über deren Tod hinaus nur die Erinnerung, was das Liebespaar Brecht–Steffin ihr, der Weigel, zugemutet hat?

Was Brecht betrifft, so irrt sie sich. Auf der Weiterfahrt bleibt er stumm, verschlossen. Ein Jahr später schreibt er in sein Tagebuch: «ich habe nichts getan und werde nichts tun, den verlust gretes zu ‹verwinden›, sich mit geschehenem aussöhnen – wozu sollte das gut sein? da sind viele enden an diesem strick, an die noch geknüpft werden muß. hitler hat sie umgebracht und der hunger. hitler lebt noch, und der hunger beherrscht die welt. bei meinem versuch, sie zu retten, bin ich geschlagen worden, und es ihr leicht zu machen, habe ich nicht vermocht. die gelungenen werke soll man vergessen, aber nicht die mißlungenen.»

Der Aufenthalt im «Vaterland aller Werktätigen» endet, wie er begonnen hat: Bevor die Reisegruppe in Wladiwostok das Schiff betreten darf, muss sie jedes ihrer zweiundzwanzig Gepäckstücke bis auf den Grund auspacken, damit alles genau durchsucht werden kann. Empfehlungsschreiben, die Brecht vorweisen kann, auch ein Hinweis, dass er «einer der bekanntesten proletarischen Dichter» sei, bleiben auf die Genossen Zöllner ohne Wirkung.

Endlich, am 13. Juni 1941, läuft die schwedische ‹SS Anni Johnson» nach den USA aus. In Moskau verhaftet der NKWD Maria Osten, bezichtigt sie der Spionage sowohl für Deutschland als auch für Frankreich und erschießt sie.

Nach einer Seereise von vier Wochen und einem längeren Manila-Aufenthalt läuft die «Anni Johnson» am 21. Juli im kalifornischen San Pedro, dem Hafen von Los Angeles, ein. Am Kai warten Marta Feuchtwanger und Alexander Granach. Brecht betritt die Neue Welt mit positiven Erwartungen. Piscator hat ihn ermuntert: Gewiss, die andere, fremde Sprache. Aber: «Hier ist die Welt – und ein Stückchen der unsern!»

Auch die beiden Frauen sehen hoffnungsvoll dem Künftigen entgegen. In Amerika, so denkt jede, wird alles anders, alles besser werden. Brecht wird sich entscheiden müssen: ‹Für die Familie!›, hofft Helli. ‹Für mich!›, meint Ruth.

V. «ICH KÖNNTE EINIGE TRAUERSPIELE AUS MEINEM LEBEN MACHEN»

Emigranten am Pazifik

Prag, Wien, Tessin, Thurö, Skovsbostrand ... die wievielte Exilstation ist Kalifornien? Die neunte oder zehnte? Wieder noch einmal und im letzten Augenblick sind die Brechts davongekommen, buchstäblich: Mitten auf dem Pazifik erreichte sie die Nachricht vom Einmarsch der Deutschen in die Sowjetunion.

Der ursprüngliche Plan, von Los Angeles weiter nach New York zu reisen, wird schnell aufgegeben. Vor allem Feuchtwanger, erst kürzlich auf abenteuerlichen Wegen aus Frankreich nach Kalifornien gekommen, rät, an der Westküste zu bleiben. Man könne mehr verdienen, und das Leben sei billiger. Die Brechts folgen ihm. 1942 beziehen sie ein eigenes Haus, in dem sie bis zu ihrer Rückkehr nach Europa wohnen werden. Es steht in Santa Monica, einem Stadtteil Hollywoods, wo viele deutsche Emigranten wohnen. Die monatlichen Abzahlungen sind nicht höher, als es die Miete wäre.

Anders als im skandinavischen Exil, kommen sie hier in ein Romanisches Café unter Palmen. Im kalifornischen Norden, in Berkeley und San Francisco, leben unzählige deutsche Flüchtlinge, meist Wissenschaftler, die an den Universitäten lehren; im Süden, um Los Angeles herum, wohnen viele den Brechts gut bekannte Künstler: Schauspieler wie Fritz Kortner und Peter Lorre, Regisseure wie Fritz Lang und William Dieterle, ehemalige Berliner Theaterdirektoren wie Leopold Jessner und Max

Reinhardt, nicht zuletzt Schriftsteller wie Feuchtwanger, Alfred Döblin und Heinrich Mann. Man lebte, wie Ludwig Marcuse, der Publizist, befand, »mitten in der Weimarer Republik« am Pazifik.

Aber «mitten in der Weimarer Republik», jedenfalls ganz zuletzt, hatten die Brechts frei von finanziellen Sorgen gelebt. Wie soll es hier, in Kalifornien, weitergehen, nachdem der angebotene Lehrauftrag in New York ausgeschlagen worden war?

Fürs Erste erhalten sie monatlich hundertzwanzig Dollar aus dem European Film Fund, einer Hilfsorganisation für unterstützungsbedürftige geflohene Kollegen, gegründet von den Regisseuren Ernst Lubitsch und William Dieterle sowie anderen wohlhabenden Deutschen in Hollywood. Freunde und Bekannte wie Kurt Weill und Peter Lorre helfen immer wieder mal mit kleineren Summen aus. Und als eiserne Reserve sind da immer noch jene tausend Dollar pro Person, ohne die man gar nicht in die USA hineingekommen wäre. Natürlich hofft B. B., dass er so schnell wie möglich eine Filmidee, ein Manuskript verkaufen, Geld verdienen kann. Jedenfalls konnten die Brechts in Hollywood «in einer Art dürftigem Behagen leben», erinnerte sich Fritz Kortner, der seinerseits zu ihren Reisekosten und weiterer Unterstützung beigetragen hatte.

Einige Monate nach ihrer Ankunft, im Herbst 1941, zog Helene Weigel in einem Brief an ihre Freundin Karin Michaelis eine erste, vorläufige Bilanz: «Ich habe viel zu tun, das heißt keine wirkliche Arbeit, aber Haushalt, Leute – und Dreck wegputzen.»

«Haushalt, Leute» – was für Leute? Jedenfalls nicht solche, denen man schon in Deutschland tunlichst aus dem Weg gegangen war. Jedenfalls nicht Thomas Mann, der jetzt im nahen Pacific Palisades residierte. Für Brecht war der «Zauberer», wie ihn seine Familie nannte, *der* Repräsentant der verachteten bürgerlichen Welt, ein politischer Opportunist, der sich seit seinen 1918 erschienenen «Betrachtungen eines Unpolitischen» in Wahrheit nicht geändert hatte und dessen Josephsroman dem Jüngeren als «enzyklopädie des bildungsspießers» galt. Thomas Mann hingegen sah in Brecht ein «talentiertes Scheusal», einen typisch proletarischen Autor und Verfechter eines «Politkults», der ihm zutiefst zuwider war.

Natürlich war auch Neid im Spiel. Brecht, der sich für den «Bedeutenderen» hielt und eigentlich nur Manns «Kurzgeschichten» gelten lassen wollte, wurmte es, dass der erfolgsverwöhnte hagestolze Bürger als *der* Sprecher des anderen, besseren Deutschland in Amerika gefeiert wurde, während man von *ihm*, Brecht, offenbar kaum Notiz nahm. Sie «paßten irgendwie nicht zueinander», merkte Katia Mann lakonisch an.

Es passten auch nicht zueinander die Brechts und Hollywoodstars wie Greta Garbo und Marlene Dietrich oder die Brechts und der konservativ und fromm gewordene Franz Werfel mit Alma, seiner Frau. Auch von Liberalen wie Erich Maria Remarque und dem Dichter Bruno Frank hielten sich Bert und Helli fern. Sie lebten, so wirkt es auf den ersten Blick, innerhalb der großen Flüchtlingskolonie nochmals in einer eigenen, merkwürdig abgeschlossenen Welt, eng befreundet nur mit politischen Gesinnungsgenossen. Wenig Wohlgesonnene warfen ihnen vor, sie seien hauptsächlich auf Verbindungen mit einflussreichen Leuten der Filmbranche aus, die sich als nützlich für eine amerikanische Karriere erweisen könnten. Wer wollte ihnen solchen Pragmatismus wohl verübeln? Sie fingen wieder fast von vorne an.

Am nächsten standen den Brechts im kalifornischen Exil wohl die Feuchtwangers und Hanns Eisler, Hellis Landsmann und Brechts Mitarbeiter seit den letzten Jahren in Berlin.

Brecht und Feuchtwanger, der kleine untersetzte Mann mit dem verrunzelten Gesicht, kannten sich seit über zwei Jahrzehnten, und Lion rühmte sich, Bert entdeckt zu haben. Nach dem

Ersten Weltkrieg, noch in München, hatte ihm der um vierzehn Jahre Jüngere seine ersten Arbeiten gezeigt und Feuchtwanger schnell überzeugt: Da wuchs ein Genie heran. Brecht wiederum hatte schon damals das Kluge, Vornehme und Gute an Feuchtwanger berührt.

Jetzt, in Kalifornien, luden die Ehepaare sich häufig gegenseitig ein, telefonierten lange miteinander und verbrachten die Weihnachtsabende zusammen. Marta half Helli beim Einkaufen und Einrichten. Doch weder die beiden Frauen noch die Männer fanden je zu dem vertrauten Du.

Blieb den Freunden bewusst, dass sie allein schon der Lebenszuschnitt trennte? Der Autor so erfolgreicher Romane wie «Jud Süß», «Die Geschwister Oppenheim» und «Der falsche Nero», auch in Amerika verlegt, stand in seinem Wohlstand Thomas Mann nicht nach. Für neuntausend Dollar, damals sehr viel Geld, erwarb er 1943 auf einem Hügel an der Küste die «Villa Aurora», eine Art «Schloss am Meer» mit vierzehn Zimmern und einem riesigen, parkähnlichen Garten. Kein Wunder, dass Feuchtwanger und seine Frau sich wohl fühlten am Pazifik.

Politisch war man sich zwar einig in der überwiegend positiven Bewertung des Sowjetstaates, zumal jetzt, da er überfallen worden war. Angesichts des deutschen Vormarsches auf Leningrad und Moskau, in Richtung Krim und Kaukasus hielten sich die Brechts an Feuchtwangers unerschütterlichen Optimismus, Stalin werde Hitler schließlich doch bezwingen. Aber ein Marxist ist Lion Feuchtwanger nie geworden, und zuweilen warf ihm Brecht das vor.

Auch künstlerisch wandelten die beiden Männer nicht auf gleichen Pfaden. Von Brechts epischem Theater zeigte sich Lion wenig erbaut; er hielt das für «eigenbrötlerische Bastelei».

Aber das alles spielte keine Rolle, wenn die zwei hoch über dem Meer zusammensaßen: Feuchtwanger betont leise redend, mit gepflegter Wortwahl, auch dann noch lächelnd und geduldig, wenn Brecht ihm heftig widersprach. In diesen beredten Streitgesprächen, die Feuchtwanger später so vermissen wird, konnte man es noch hören, das schöne «Münchner Humanisten- und Augsburger Renaissance-Deutsch», mitgenommen an den Pazifik.

Beide, Feuchtwanger wie Brecht, sind besessene Autoren. Schon 1923/24 hatten sie zusammen nach einer Vorlage von Christopher Marlowe das Schauspiel «Leben Eduards des Zweiten von England» verfasst. Jetzt drängt Brecht darauf, die Zusammenarbeit wieder aufzunehmen. So entsteht 1942/43 das gemeinsame Stück «Die Geschichte der Simone Machard», eines Mädchens, das sich für die Jungfrau von Orléans hält und während des Zweiten Weltkriegs heldenhaft gegen die Deutschen kämpft. Feuchtwanger kann den Stoff, von ihm zum Roman verarbeitet, als Filmvorlage verkaufen, und obwohl nie ein Film daraus entstehen wird, erhält Brecht einen Anteil von immerhin zwanzigtausend Dollar.

Was ihrer beider Ehen bestimmte, festigte auch die Freundschaft zwischen den Paaren: eine gelungene Mischung aus Nähe und Distanz, die selbstbewussten Bürgern leichter fällt als anderen Menschen. Jeder ist sich zeitweise auch selbst genug.

Im Frühjahr 1942 übersiedelte Hanns Eisler von New York nach Kalifornien. Mit seinem Witz und seiner Weisheit, oft ungeduldig und sich leicht ereifernd, aber immer liebenswürdig, quicklebendig und übersprudelnd von Ideen, war er den Freunden hochwillkommen.

Der kugelrunde kleine Hanns war noch gar nicht richtig da, schon eilte er fröhlich von Cocktail zu Cocktail, von einer Filmparty zur nächsten und unterhielt die Gäste, unbekümmert um grammatikalische Regeln und seinen schrecklichen Akzent, in einem phantasievoll zusammengesetzten Kauderwelsch. Wie machte er das nur? Obwohl er manchmal eine diebische Freude am Provozieren hatte, kam er mit jedermann gut aus; überall sah man ihn gern. Auch die Feuchtwangers mochten ihn; Lion gab etwas auf sein Urteil und las Eisler gern aus neuen Manuskripten vor.

Bald hatte Hanns ein Häuschen an der Küste – es stand in Malibu – und lud sonntags selber Gäste ein: außer bekannten Jazz-Musikern Ava Gardner, Max Reinhardt, Charlie Chaplin und auch Thomas Mann, mit dem er sich gerne über Wagner stritt, diesen «alten Gauner», wie ihn Eisler nannte. Der Zauberer amüsierte sich und bat auch seinerseits die Eislers in sein Haus. Das ärgerte die Brechts. Wenn dieser Herr zu Eislers kam, erschienen sie dort nicht. Aber den bewunderten Chaplin in Malibu zu treffen, dessen Filme sie alle kannten, ließen sie sich nicht entgehen und befreundeten sich schnell mit ihm. Später soll Brecht geäußert haben, es gebe überhaupt nur zwei Regisseure, Chaplin und ihn.

Wenn Eisler die Brechts besuchte, wurde natürlich über alles Mögliche gesprochen. Vergeblich bemühte sich der Komponist, Brecht für Brahms und Beethoven einzunehmen. Da biss er auf Granit. Bach und Mozart – ja; Brahms und Beethoven – nein, denen konnte er nichts abgewinnen. ‹Reden wir lieber darüber, was wir zusammen hier in Kalifornien machen könnten!› Und dann spielten die beiden Männer wie so oft erst einmal wieder eine Runde Schach.

Helli erinnerte sich bei solchen Zusammenkünften gern an jene Jahre, da sie gemeinsam zur marxistischen Avantgarde in Berlin gehört hatten, und vielleicht auch an den Tag, da sie erstmals zusammen mit Ernst Busch und Mitgliedern der Berliner Arbeiterchöre Eislers «Loblied auf die Partei» gesungen hatte, bei einer Probe für «Die Maßnahme». Und vielleicht sang sie beim Aufwasch in der Küche, angeregt durch das gemeinsame Erinnern, das Solidaritätslied aus «Kuhle Wampe» vor sich hin. ‹Hanns, werden wir das noch mal in Deutschland singen …?›

Für Weigel wäre es einfacher gewesen, wenn ihr Mann auch

Eislers Frau Lou gern in ihrem Haus gesehen hätte. Aber B. B. mochte Lou nicht sonderlich und trug Helli immer wieder auf, sie gleich an der Haustür abzufangen und zu einer Tasse Kaffee einzuladen, während er mit Hanns ins Arbeitszimmer ging. Lou argwöhnte ständig, Helli wolle sie von Brecht fern halten; das war peinlich. Aber Brechts Wünsche waren ihr wichtiger als solche Unannehmlichkeit.

Freund Eisler gehörte bald zu den wenigen erfolgreichen Flüchtlingen aus Deutschland. Er schrieb Filmmusiken und verdiente gut; es ging ihm besser als Bert Brecht. Der arbeite zwar viel, ließ die Weigel Karin Michaelis wissen, «versucht was zu verkaufen, bis jetzt aber gelingt nichts».

Vor allem gelang es nicht, beim Film Fuß zu fassen. Brecht meinte, das Handwerk zu verstehen, und Hollywood bezahlte gut. Ob man nicht zusammen eine Filmstory schreiben wolle? Brecht versuchte es mit Ruth Berlau und auch mit Kortner, traf sich eine Zeit lang jeden Vormittag mit Salka Viertel, der Frau des Regisseurs, dann wieder mit Peter Lorre und erlebte einen Fehlschlag nach dem anderen: «Jeden Morgen mein Brot zu verdienen, / Gehe ich auf den Markt, wo Lügen gekauft werden. / Hoffnungsvoll / Reihe ich mich ein zwischen die Verkäufer.»

Endlich ein Lichtblick! Der Regisseur Fritz Lang, der Brecht kannte und verehrte, wollte nach der Ermordung des gefürchteten SS-Führers Reinhard Heydrich durch tschechische Patrioten einen Film über den tschechischen Widerstand drehen und bat Brecht um seine Mitarbeit. Eisler sollte die Musik komponieren. Doch eine Einigung über das endgültige Drehbuch kam nicht zustande. Brecht meinte, Lang mache zu viele Zugeständnisse an den billigen Publikumsgeschmack, und es ärgerte ihn sehr, dass der Regisseur für Helli keine Rolle vorgesehen hatte. Schließlich untersagte er, als einer der Autoren von «Hangman Also Die» genannt zu werden.

Wenn er nicht an aussichtslosen Exposés für die Filmfabriken schrieb, arbeitete Brecht an neuen Stücken wie «Schwejk im Zweiten Weltkrieg» und «Der kaukasische Kreidekreis». «wenn immer man fertig ist mit einer arbeit in diesen jahren», notierte er im Sommer 1943, «entsteht jene vernichtende pause der unnatürlichen nichtverwertung, die überstanden werden muß.»

Je länger das kalifornische Exil andauert, umso unglücklicher fühlt sich Bert Brecht. Während Helli auf Englisch, ähnlich wie Eisler, unbefangen daherredet und allein schon durch den steten Umgang mit Amerikanern und gezwungen durch die Kinder bald in der Alltagssprache zu Hause ist, tut ihr Mann sich ungleich schwerer. Er leidet darunter, im rechten Augenblick nicht den treffendsten Begriff zu finden, irgendein Wort falsch zu betonen.

Vor allem aber muss er damit fertig werden, in Hollywood bestenfalls als Randfigur zu gelten. Auf einer Gesellschaft bittet man ihn, einen der Meister der Theaterkunst des 20. Jahrhunderts, seinen Namen zu buchstabieren; viele haben noch nie von ihm gehört. Für den Erfolg beim Film ist die gesellschaftliche Eignung als Tennispartner oder amüsanter Partygast ausschlaggebender als Begabung. Reiche oder Neureiche sehen auf weniger Bemittelte herab. Kortner hat das in seinen Memoiren beschrieben. Und Döblin bemerkte bitter, unter den Flüchtlingen gebe es zwei Klassen von Autoren: «solche, die im Fett und solche, die im Dreck sitzen» – Männer wie er und Heinrich Mann.

Brecht fühlt sich eher «im Dreck», isoliert, unzufrieden, tief enttäuscht: «Im hintersten Finnland war ich nicht so aus der Welt.» An die Stelle einstiger Amerika-Begeisterung, der Vorstellung von einem verheißungsvollen Land mit unverbrauchter Vitalität und fremdartigem Reiz, tritt eine tiefe Verachtung des wirklichkeitsfremden, kulturlosen Hollywood mit seinen auswechselbaren Schnulzen, verkitschten Schlagern und Abziehbildern einer herausgeputzten Konsumwelt.

Während der inzwischen erfolgreiche «New Yorker» Kurt

Bald «nach Ausbruch der sogenannten deutschen Revolution», erinnerte sich Lion Feuchtwanger, «kam in meine Münchner Wohnung ein sehr junger Mensch, schmächtig, schlecht rasiert, verwahrlost in der Kleidung. Er drückte sich an den Wänden herum, sprach schwäbischen Dialekt, hatte ein Stück geschrieben, hieß Bertolt Brecht.»

Im kalifornischen Exil begegnen sich die beiden Männer wieder und schließen sich wie Marta und Helli, ihre Ehefrauen, eng aneinander an – privat und auch politisch. Auf dem Bild besucht Brecht die Freunde in Pacific Palisades. Dort besitzen sie ein schönes, zum Meer herausgelegenes Haus.

Weill Amerika als Synonym für «Anstand und Menschlichkeit» nimmt, als «fortschrittlichsten Versuch, die Kluft zwischen dem Individuum und dem technischen Fortschritt zu schließen», sieht Brecht nur allenthalben Manipulation, Korruption, Brutalität, erzeugt durch unbarmherzige Konkurrenz. «Kein Wunder, daß etwas Unedles, Infames, Würdeloses allem Verkehr von Mensch zu Mensch anhaftet und von da übergegangen ist auf alle Gegenstände ...» Wenn Brecht noch einer Bestätigung für seine Überzeugung vom unmenschlichen Charakter des Kapitalismus bedurft hätte – hier bekam er sie.

Berührt ihn nicht wenigstens die sonnendurchflutete, fruchtbare und farbenfrohe Landschaft? Aber nicht doch. Selbst ihr, so meint er, hafte etwas Unedles, Infames, Würdeloses an.

Spürt er nicht den leichten Eukalyptushauch in der Luft und, wenigstens darin dem Zauberer ähnlich, den «die Brust weitenden Atem des Ozeans»? Keineswegs. Er wittert nur den «geruch der hoffnungslosen roheit», das Atmen fällt ihm schwer.

Aber diese weit hingezogenen blühenden Zitronen- und Orangenhaine, die Feigen und Zypressen! Schlimm erst recht! Der Dichter sieht an jedem Stamm ein kleines Preisschildchen, und «selbst die Feigenbäume sehen zuweilen aus, als hätten sie sich eben sehr niedrige Lügen erzählt und verkauft».

Die Landschaft ist nicht seine Landschaft. Dieses Land ist nicht sein Land. Er sehnt sich nach dem Strohdach im dänischen Exil, nach dem Haus am Ammersee. Brecht hat Heimweh; wenn nicht nach Deutschland, so doch nach Europa und nach Schwaben. «hier kommt man sich vor wie franz von assisi im aquarium, lenin im prater (oder oktoberfest), eine chrysantheme im bergwerk oder eine wurst im treibhaus.»

Helene Weigel hätte allen Grund gehabt, weit enttäuschter als ihr Mann zu sein. In den sechs Jahren in Kalifornien hat sie ein einziges Mal, und zwar in der Verfilmung von Anna Seghers' Roman «Das siebte Kreuz», einen Auftritt von dreißig Sekunden.

Das war alles. Ihr deutscher Akzent war ziemlich grauenhaft, und eine Schönheit nach herkömmlichem Hollywood-Geschmack war sie schon als Jüngere nicht gewesen, geschweige denn jetzt über vierzig! In Geheimberichten des FBI wird sie als «männlich aussehend» beschrieben, eigentümlich gekleidet, bäuerlich mit knöchellangen Röcken. Es ging ihr ähnlich wie Bert Brecht: Wer sie kennen lernte, ahnte nicht, dass er eine berühmte Schauspielerin vor sich hatte. ‹Helene Weigel? Nie gehört!›

Ab und an, beispielsweise zu Leopold Jessners 65. Geburtstag, rezitiert sie zusammen mit anderen deutschen Kollegen oder gibt auch mal einer ungarischen Elevin ein paar Stunden Schauspielunterricht – auf Englisch. Schmerzlich bleibt ihr bewusst, was sie versäumt: Selbst wenn es gelingt, eines Tages auf die Bühne zurückzukehren – viele große Rollen des Welttheaters, Shakespeares junge Frauen, auch Brechts Shen Te, die Grusche aus dem «Kreidekreis» oder die Heilige Johanna, wird sie nicht mehr spielen können. «Immer wieder sag ich voller Kummer, daß ich zu alt bin», schreibt sie später an Therese Giehse. Doch Enttäuschung und Verbitterung sind ihr nicht anzumerken. Sie klagt nicht, wirkt beherrscht, liebenswürdig, manchmal auch ironisch. Auch im amerikanischen Exil schuf Helene Weigel für ihre Familie Behaglichkeit und gab ihr Sicherheit.

Bernard Shaw hat einmal – wider besseres Wissen – behauptet, ein großer Schauspieler dürfe nur eine einzige Liebe haben: «sich selbst». Wo wäre die Weigel damit hingekommen! Sie besaß so viel Liebe, dass es für ihren Mann, die Kinder *und* das Theater reichte. Für sie blieb, was aus der Liebe für andere und anderes entsteht: Erfüllung.

Sie lebte in den USA kaum anders als in Dänemark. Wieder fuhr sie zusammen mit anderen Frauen, die ein Auto hatten, durch die Gegend, um in Trödelläden, Secondhand-Verkaufsstellen der Heilsarmee oder auf dem Sperrmüll nach alten Möbeln, Geschirr, Küchengeräten und anderen Haushaltsgegenständen zu suchen. Alles musste schön anzusehen und möglichst billig sein; aufs Feilschen verstand sie sich inzwischen. Was in Dänemark die Kirchenbank, waren in Kalifornien alte Spucknäpfe aus Kupfer, verwandelt in wunderliche Lampen.

Wieder machte sich die Weigel an das schon Gewohnte: Fußböden abziehen, Wände weißen, malern, schrubben, Gardinen nähen, einen Stuhl beziehen. Die Trödel-Möbel werden abgebeizt und aufpoliert. Das Badezimmer wurde mit chinesischen Zeitungen tapeziert. Die Besucher staunten und sprachen bewundernd von Brechts Klo. Alles wirkte gediegen, originell, geschmackvoll und behaglich.

Viel Arbeit machte auch der große Garten. Im Frühling blühten der blaue Jakarandabaum, die Rosen und Orangen. Es gab Feigen, Aprikosen und allerlei anderes Obst. Bäume, Sträucher, Pflanzen mussten in der Wärme oft gewässert werden. Helli sprengt, Bidi stellt das Wasser ab. Das sei Verschwendung und koste viel zu viel. Mit seiner kauzigen Knausrigkeit konnte ihr Mann sowohl den Kindern als auch seiner Frau manchmal richtig auf die Nerven gehen. Aber sie schluckte den Ärger weg. Ein kleiner Schwatz mit den Nachbarn, dann muss Helli zurück in ihre Küche, wo gekocht und gleichzeitig gegessen wird, am großen runden Tisch in einer Ecke. Es geht abwechselnd hektisch und gemütlich zu. Wer könnte sie mit Helene Weigel im Berliner Ensemble verwechseln?

Alles musste billig sein, auch die Verpflegung. Salka Viertel, die ein kleines Packardkabriolett besaß, nahm Helli mit auf den preisgünstigen Grand Central Market von Los Angeles. Man lebte von zehn, zwölf Dollar wöchentlich, und keiner merkte, wenn kein Geld im Hause war; irgendetwas zauberte die Weigel immer auf den Tisch. Noch Jahrzehnte später schwärmten die Freunde ihrer Kinder von Hellis gedünsteten Safthühnern, ihrem Tafelspitz mit Röstkartoffeln und den selbst gezüchteten

Schwammerln aus dem Garten, die der Hausherr allerdings verschmähte.

Bidi roch nach Schweiß und Tabak, um Helli duftete es nach frisch gekochter Aprikosenmarmelade und Gartenkräutern, nach Apfelstrudel und im Winter nach gebackenem Stollen. Als sie später ein Professor fragte, worin denn der Anteil der «Gnädigen Frau» an Brechts literarischen Arbeiten im Exil bestanden habe, antwortete sie lächelnd: «Ich hab halt gut gekocht.»

In ihrer Küche gingen ständig Leute ein und aus. Gerade weinte sich die Sekretärin und Freundin von Fritz Lang an Hellis Busen aus, weil der Regisseur ihr untreu war, da brachen Steff und seine Freunde ein, um irgendetwas «auszudiskutieren». Nach der Schule kam Barbara mit ihrer Freundin Manni, der Tochter von Kortner, und Helli schob den beiden Mädchen erst mal lachend ein Schmankerl in den Mund. Oft nahm auch Hans Viertel, Salkas Sohn und Brechts Mitarbeiter, an Hellis Essen und den Diskussionen teil. Charles Laughton, der auf strenge Diät gesetzte berühmte dicke Mime, steckte seinen Kopf zur Tür herein und erbat ein deftiges Steak: ‹Zum Teufel mit den Kalorien!› Zum Dank für eine gute Mahlzeit las er Helli und den Kindern Shakespeare oder aus der Bibel vor. Solange Ruth Berlau in der Nähe wohnte, aß Brecht mittags oft bei ihr. Später, nachdem sie nach New York gezogen war, hielt es ihn meistens nicht die ganze Zeit am Küchentisch. Bevor das Dessert aufgetragen wurde, zog er sich mit einem Krimi in sein Zimmer, auf die Couch zurück.

Steff und Barbara waren in den Jahren des Exils aus dem Kindesalter herausgewachsen. Nach Abschluss der Highschool studierte Steff Chemie, ging zur Armee und kehrte danach wieder an die Universität zurück. Er war ein begabter, außergewöhnlich gescheiter junger Mann, der Japanisch lernte, Sammlungen elisabethanischer Dramatiker und alter Jazzplatten besaß und sich nicht scheute, seinem Vater auch Kritisches über dessen Werk zu sagen. Einmal, berichtete Elisabeth Bergner, warf er ihm sogar an den Kopf, von seinen Arbeiten werde «nichts übrigbleiben als ein paar Gedichte». Brecht war tagelang deprimiert.

Besondere Sorgen und auch besondere Freude machte Barbara. Gleich nach der Ankunft in Kalifornien war die magere kleine Elfjährige an TBC erkrankt. Hatte Grete Steffin sie doch angesteckt, wie die Mutter stets befürchtet hatte? Jedenfalls dauerte es ein Jahr, bis das Kind gesundete. Weder zu Hause noch in der Schule hatte Barbara es leicht. Die Eltern unterhielten sich natürlich auf Deutsch, das die Tochter, die als Dreijährige mit ihnen geflohen war, nur gebrochen sprach. Auch ihr Englisch war in der Anfangszeit sehr unvollkommen. Ihre Mitschülerinnen, verwöhnte Töchter reicher Leute, rümpften die Nasen über Barbaras Aufzug, denn oft trug sie mehrere Tage hintereinander das gleiche Kleid. Das war in Santa Monica nicht üblich. Im Laufe der Jahre benahm sich der Teenager wie ein eitles ‹American girl› und entwickelte nach Meinung ihrer Mutter einen «Hang nach Weiberei und Luxus». Helli war darüber, wie sie an Karl Korsch schrieb, «nicht immer sehr glücklich», aber «schließlich braucht der Mensch eine Schutzfarbe». Sie versuchte, Barbaras Selbstvertrauen zu stärken.

Nicht nur mit ihren Kindern, auch mit deren Freunden ging Helene Weigel herzlich um und mütterlich. Marianne, der Kortner-Tocher, war sie dankbar, weil diese Manni Barbara so eine zuverlässige Freundin war. Zu Zeiten, da die beiden Väter politisch heftig miteinander stritten und sich gegenseitig böse waren, versicherte sie den beiden Mädchen, ganz gleich, was auch geschehe, «unsere Freundschaft berührt das nicht». Auch Hans Viertels Begeisterung für Leo Trotzki, den Stalin 1940 in Mexiko ermorden ließ, ließ sie hingehen, bot ihm im Unterschied zu Brecht nach kurzer Zeit das Du an und betrachtete ihn als Mitglied der Familie. «Der Mensch lebt von den verschiedenen Sachen», meinte sie. «Und eine Frau lebt davon, daß sie etwas zusammenhalten muß, zum Beispiel ihre Familie.»

Aber sollte daran nicht auch der Mann beteiligt sein?

Über Brecht als Vater gehen die Meinungen auseinander. Die einen, wie die Bergner, nennen ihn gewissenhaft und wunderbar in dieser Rolle, den Sohn hingegen undankbar. Andere, wie die Berlau, behaupten, um seine Kinder habe er sich nie gekümmert und sich da ganz auf seine Frau verlassen, die «großartigste Mutter», die man sich denken könne. Barbara nennt ihn einen «Sonntagsvater», gut und lieb, aber mit sehr wenig Zeit. Bronnen, der Brecht im Umgang mit seiner Tochter Hanne sah, erinnerte sich an dessen väterliche Zärtlichkeit.

Eines ist sicher: Ein Vater wie Arnold Schönberg war Brecht nicht. Der baute im kalifornischen Exil für seine Kinder mit ihren Dreirädern eine große Ampelanlage im Garten und montierte eines Tages im Hause alle Lampen ab, um seiner Tochter das Verhältnis von Sonne, Mond und Sternen zu erklären. So etwas war bei Brecht undenkbar. Dazu hatte er weder Lust noch Zeit.

Er tat sich schwer mit kleinen Kindern und wartete darauf, dass sie verständig wurden und er sich ernsthaft mit ihnen unterhalten konnte. In Dänemark schrieb er für Steff und Barbara Tierfabeln und Gedichte, versorgte seinen Sohn schon früh mit Büchern, freute sich über dessen Interesse an Jacob Burckhardt und Benvenuto Cellinis Lebensbeschreibungen in Goethes Übersetzung und nahm auch Einwände Steffs etwa gegen das Vorspiel des «Kaukasischen Kreidekreises» ernst. Vor allem aber «ertrugen» sowohl Helli als auch Bidi, wie die Kinder ihre Eltern nannten, dass Steff und sein Freund Viertel sich den Trotzkisten zugehörig fühlten. Obgleich Weigel wie Brecht zum Jähzorn neigten und politisch sehr unduldsam sein konnten, respektierten sie, wenngleich seufzend, die Auflehnung der Jungen.

Schwerenöter sorgen sich besonders um die Unschuld ihrer Töchter; so auch Brecht. Überall witterte er Wüstlinge, die seiner Tochter die Unschuld rauben könnten, und legte großen

125

Wert darauf, dass sie abends nicht zu spät nach Hause kam. «Wir hatten viktorianische Väter», erinnert sich Marianne Kortner.

Auf Menschen, die das Ehepaar Brecht–Weigel erst in Amerika näher kennen lernten, wirkten die beiden wie zwei eng verbundene Künstler, die sich gegenseitig wertschätzten und das in der Benennung schon zum Ausdruck brachten: Er sprach nicht von seiner Frau, sondern von «der Weigel», sie nie von «meinem Mann», sondern stets von Brecht. Zärtlich sah man sie nicht miteinander; Emotionen wurden nicht erkennbar. Ein kluger Interpret wie der amerikanische Brecht-Biograph James Lyon gewann den Eindruck, dass diese Weigel eine der ganz wenigen in Brechts engem Umkreis sei, die sich behaupten und mit diesem komplizierten Menschen umgehen konnten. Das gelang durch nie versiegende Hingabe – sie «ging für Brecht durch die Hölle», bemerkte Salka Viertel –, durch stoische Nachsicht, Hartnäckigkeit, Charme und einen unverwüstlichen lakonischen Witz. Frauen seien tapferer als Männer, behauptete sie einmal und führte als Beispiele das Kinderkriegen und die Regelblutung an. Brecht mit seinen Bartstoppeln erwiderte, Männer rasierten sich immerhin. Darauf seine Frau: «Woher willst denn du das wissen?»

Zum ersten Mal seit fast zwanzig Jahren war Brecht ab 1942 ohne eine feste Mitarbeiterin. Berlaus Hoffnung, er werde sich entschließen, in Kalifornien mit ihr zusammenzuleben, hatte sich zerschlagen. Und da sie dort ziemlich einsam und ohne Freunde geblieben war, auf Hellis Wunsch auch zu den Brechts nicht eingeladen wurde, zog sie 1942 nach New York, wieder hoffend, dass der Geliebte ihr dorthin folgen werde. Aber der besuchte sie nur jedes Jahr. Er wollte weiterhin beides: die Geliebte sowie die Ehefrau, Freiheit und Bindung. Ein Kind, das Ruth von Brecht bekam, starb nach der Geburt. Sie fing an zu trinken; es ging ihr schlecht.

Helene Weigel bemühte sich noch mehr als bisher, ihrem Mann auch in seiner Arbeit beizustehen. Hans Viertel konnte das beobachten: Sie übernahm auch solche Tätigkeiten, die in den letzten Jahren Steffin und Berlau erledigt hatten, besorgte Material für ein neues Projekt und wertete die Presse aus. Sie las alles, was Brecht schrieb; ihr Urteil war ihm wichtig. «Ihr Einfluß auf Pappa war immens», sagt Barbara. «Ich fühlte auch», so Viertel, «daß zwischen ihnen in Fragen der Ästhetik die größte Übereinstimmung bestand, wenngleich bei Brecht bei allem Ernst doch eine Verspieltheit, eine Leichtigkeit hinzukam, die der Weigel fehlte.»

Gegen Ende des Krieges arbeitete Brecht zusammen mit Charles Laughton an einer englischen Fassung des «Galilei»; der Schauspieler sollte bei geplanten Aufführungen im nahen Beverly Hills und später in New York die Titelrolle spielen. In dieser Zeit besuchte Weigel einen Buchbinderlehrgang und band die neue Fassung des Stückes in feines rotes Leder ein. Dann entwarf sie nach historischen Vorlagen die Kostüme. Man wusste, Laughton war homosexuell und hatte die Angewohnheit, mit den Händen in den Hosentaschen an sich herumzuspielen. Brecht fand das schrecklich und wollte es ihm abgewöhnen. Der Schauspieler bestand jedoch darauf: Es handle sich um eine greifbare Äußerung von Sinnlichkeit, und mit Sinnlichkeit motiviere der Autor schließlich Galileis Suche nach Erkenntnis. Helli hielt es für müßig, Laughton überzeugen zu wollen, und nähte die Taschen seiner Kostüme einfach zu. So war sie: praktisch und verschmitzt.

Hatte Helene Weigel eigentlich Freundinnen in Kalifornien? Jeder, der es wissen könnte, zuckt die Achseln: ‹Freundinnen? Ich weiß nicht recht. Vielleicht die zweite Frau von Peter Lorre und die Sekretärin und Geliebte von Fritz Lang?› Genaueres ist nicht bekannt. Über ihr Privatleben sprach die Weigel nicht.

Aber man weiß, dass sie sich zeitweise in Santa Monica sehr einsam fühlte. Brecht hielt sich in New York auf. Steff ging aus dem Haus. Barbara machte ihre Pubertät zu schaffen. «Mein be-

Brecht und Weigel sind stolz auf ihren Sohn. Steff ist jetzt, ein Jahr nach dem Krieg, zweiundzwanzig Jahre alt. Er hat schon seinen Militärdienst abgeleistet und studiert Chemie. Der junge Mann gilt als begabt, außergewöhnlich gescheit und wissbegierig, lernt nebenbei Japanisch, sammelt Jazzplatten sowie die Werke elisabethanischer Dramatiker und scheut sich nicht, seinem Vater auch Kritisches über dessen Werk zu sagen. Nur seine politischen Auffassungen missbilligen die Eltern: Stefan fühlt sich zum Trotzkismus hingezogen. Wenngleich seufzend ertragen sie die Auflehnung des Jungen. Als seine Eltern nach Europa zurückkehren, bleibt Stefan in den USA.

scheidener Lebenszweck schrumpft mehr und mehr zusammen», klagte sie, «ich bringe es nicht mehr fertig, mich wichtig zu nehmen.»

Eine ihrer ältesten Freundinnen, Liesl Neumann, mit der Helli in Wien zur Schule gegangen war und in Berlin in Fritz Langs berühmtem Film «Metropolis» im Chor gesungen hatte, lebte jetzt als Lebensgefährtin Berthold Viertels in New York. Sie dort zu besuchen, erlaubten die Finanzen nicht.

Mit Salka Viertel und Marta Feuchtwanger verstand sie sich gut, aber enge Freundinnen waren das nicht. Marta wird die Schicksalsgefährtin nach deren Tod «mein tapferer Kamerad in der Fremde» und «die Frau unseres Freundes Brecht», nicht aber ihre Freundin nennen.

Wenn Stefan eine Kommilitonin von der Universität nach Hause brachte und die begann, von Brecht zu schwärmen, konnte es vorkommen, dass seine Mutter fragte, ob sie zur «Schwesternschaft» von Brecht gehöre. Was das bedeuten solle? »Na, sind Sie eine von Brechts Frauen?» Ihr Misstrauen war berechtigt. Eine berühmte Schauspielerin in Hollywood vertraute damals Salka Viertel an, Brecht sei der «sexuell aufregendste Mann», der ihr je begegnet sei.

Bleibt Karin Michaelis! Die vitale korpulente kleine Dame mit dem großen runden Kopf, der kleinen Stupsnase und dem dicken weißen Kurzhaar, die so viel Kindlichkeit und so viel Herz besaß. Im April 1939 war die erfolgreiche dänische Autorin nach New York gereist, um ihre Schwester zu besuchen, und musste unfreiwillig im Exil ausharren. Ähnlich wie Bert Brecht versuchte sie meist erfolglos, Bücher auch in den Staaten zu veröffentlichen, und besaß nur wenig Geld. Zu allem Überfluss wurde Karin im Sommer 1943 auch noch ernsthaft krank; doch erlaubte ihr der Arzt im Spätherbst, die Brechts in Kalifornien zu besuchen. Fast ein dreiviertel Jahr blieb sie bei den Freunden und versicherte, die «Brechts sind fantastisch lieb zu mir».

129

Helli freute sich. Sie bewunderte die Energie, mit der die fast dreißig Jahre Ältere auch in Kalifornien in Vorträgen und Radio-Interviews Spenden für die Rettung von Juden vor Hitler aufzubringen versuchte. Die beiden Frauen verband das Mitleid mit den Schwachen und Verfolgten, mit aus der Bahn geworfenen und in Not geratenen Menschen. Beide verfolgten hartnäckig, was ihnen wichtig war, füreinander hegten sie zärtliche Gefühle. Zusammen saßen sie in Hellis Garten und schwelgten in Erinnerungen. ‹Weißt du noch?›

Exil besteht zur Hälfte aus Erinnerung. Inmitten kalifornischer Feigen- und Orangenbäumchen beschwor Karin noch einmal Hellis Schicksalstag. Die Dänin hatte das junge Mädchen in Wien zum Vorsprechen begleitet und aufgeschrieben, was sich damals bei dem Theaterdirektor Rundt abspielte: «Jetzt saßen wir da und warteten ... Er kam. Lächelte. Väterlich. Beruhigend. Begann mit einem kleinen freundlichen Vortrag darüber, daß die Laufbahn der Kunst ein Dornenweg sei ... ‹Es kann doch gewiß nicht so notwendig für Sie sein, gerade zur Bühne zu gehen, nicht wahr?› Helli hörte gar nicht, was er sagte. ‹Nun, dann sagen Sie in Gottes Namen irgend etwas auf!› ... Sie sah vor sich hin ... Die Pupillen wuchsen, schossen lange, kalte Strahlen. Die Lippen spannten sich wie ein Bogen, bereit, vergiftete Pfeile zu entsenden. Der hängende Körper reckte sich, bekam Haltung, bekam Majestät. Eine Stimme – eine in Töne aufgelöste Seele – begann schwach, beinahe flüsternd: ‹Dein Schwert, wie ist's vom Blut so rot! Edward! Edward!›» ... In der Kehle dieses hässlichen, unbeholfenen Mädchens war «der ganze Bann der Erkenntnis des Guten und Bösen enthalten, das Schluchzen und Klagen aller Vögel, das Rieseln aller Wasser, die Farben aller Regenbogen, Orgeltöne und Todesröcheln, die Schreie gebärender Frauen, der Jubel aller Liebes-Ekstase – das alles und noch mehr ...»

Und jetzt, ein Vierteljahrhundert später, geht diese Begnadete zurück ins Haus – «Dreck wegputzen».

Irgendwann, für Helli viel zu früh, muss Karin nach New York zurück. Die Freundin wird ihr schreiben: «Ich könnte einige Trauerspiele aus meinem Leben machen ...» Könnte ... «will aber nicht».

Exil besteht zur Hälfte aus Erinnerung. Nicht nur die Weigel, sondern auch Brecht erinnerte sich gern längst vergangener, früherer Zeiten. Auch deshalb traf er so gern Oskar Homolka und Peter Lorre. Sie zählten für ihn zu den begabtesten Darstellern des deutschen Theaters in Berlin und waren bald nach Hitlers Machtantritt nach Hollywood gekommen. Im Gegensatz zu Kortner, dem es schwer wurde, sich dort durchzusetzen, hatten Lorre und Homolka in Hollywood schnell Fuß gefasst, sprachen Deutsch und Englisch gleichermaßen fließend und zählten zu den Stars. Im Unterschied zu den Brechts lebten sie in großen teuren Villen mit Parks und Gärtnern.

Vielleicht waren es gerade die Gegensätze in ihrem Aussehen und Charakter, die Brecht und seine Frau so faszinierten. Lorre war ein kleiner untersetzter Mann mit großen hervorquellenden Augen, einem milden, kindlichen Gesichtsausdruck und einer naiven Stimme. Niemand sah ihm an, wie intelligent er war und wie gebildet. Niemand war auch darauf gefasst, ihn im Film oder auf der Bühne als einen brutalen und verworfenen Typ zu sehen.

Umgekehrt Homolka. Der spielte, wie er aussah. Sowohl im Leben als auch auf den Brettern wirkte er durch Temperament, Vitalität, körperliche Wucht. Die Regisseure ließen ihn häufig plumpe, plebejische und brutale Typen spielen. Aber so brutal oder doch zumindest ungehobelt dieser Homolka sich auch gab, stets kam irgendwann sein gutes Herz zum Vorschein: die Wiener Gemütlichkeit, bestimmt durch Lebensfreude und Humor.

Beide Männer verehrten Brecht und versuchten, ihm zu helfen. Lorre sah in ihm den «größten Regisseur» und «einen der größten Dichter unserer Zeit», und niemand konnte ihn in diesem Urteil schwankend machen.

Besonders Lorre hatte Brecht viel zu verdanken. Bald nachdem er 1929 aus der Provinz nach Berlin gekommen war, hatte ihn der Dichter entdeckt und begonnen, ihn zu fördern. Der gerade berühmt gewordene Autor der «Dreigroschenoper» führte den schüchternen, geduckten jungen Mann in seinem Freundeskreis ein und gab ihm Rollen in seinen Stücken.

Jetzt, im kalifornischen Exil, erinnerte man sich gemeinsam des Jahres 1931, in dem Lorre der große Durchbruch in Berlin gelungen war. In «M», dem berühmten Film Fritz Langs, hatte er jenen anonymen Kindermörder gespielt, der in der unvergesslichen Schlussszene des Films seinen kriminellen Kumpanen hilflos zu erklären versuchte, was ihn trieb, kleine Mädchen umzubringen. Und es mag wohl sein, dass Lorre immer noch schluchzend herzusagen wusste, was er damals im Film gestammelt hatte: «Immer muß ich durch Straßen gehen, und immer spür’ ich, es ist einer hinter mir her. Das bin ich selber! Manchmal ist mir, als ob ich selber hinter mir herliefe! Aber ich kann nicht! Kann mir nicht entkommen! Muß den Weg gehen, den es mich jagt! Muß rennen! Und mit mir rennen die Gespenster!»

Und dann, im gleichen Jahr, die Brecht-Inszenierung von «Mann ist Mann» in Berlin. Lorre spielte den Galy Gay, jenen harmlosen, liebenswürdigen kleinen Packer in der Stadt Kilkoa, der nicht nein sagen kann und sich von einem freundlichen Individuum in einen parierenden, verhärteten Massenmenschen verwandelt, ummontiert zu einem Mann, wie der Krieg ihn braucht.

‹Weißt du noch?› Wer könnte das vergessen!

An irgendeiner Stelle des Stückes hatte Galy Gay zu sagen: «Ich will, daß das aufhört!» Kaum hatte er den Satz ausgesprochen, hörte man vom Rang her eine Frau mit schüchterner Stimme rufen: «Wir auch.» Das war das Signal! Ein Teil des Publikums lachte, pfiff und johlte, ein anderer Teil klatschte stürmisch Beifall, und so ging es, bis der Vorhang fiel. Am nächsten

Tag berichteten die Zeitungen von einem Skandal im Staatstheater am Gendarmenmarkt.

Entsann sich Brecht noch der Kritik, die tags darauf in der *BZ am Mittag* stand? Felix Hollaender hatte ihm darin vorgeworfen, er liefere nach russischem Muster nur noch scholastische Lehrgedichte, Erzeugnisse für eine Propagandaanstalt, die mit Literatur kaum noch etwas zu schaffen hätten. Mit Brecht als Dichter sei es aus.

Nachdem sie in Hollywood Brechts «Galilei» gelesen hatten, wollten beide, Lorre wie Homolka, irgendwann den Titelhelden spielen. Brecht bevorzugte Homolka, aber es wurde nichts daraus.

Längst hatte Brecht vergessen, was dieser Homolka ihm vor zwanzig Jahren angetan hatte. Aber da das Außergewöhnliche, Unerhörte, Skandalöse leichter im Gedächtnis bleibt als das Normale, mag Brecht und Homolka in Kalifornien die Premiere von «Leben Eduards des Zweiten» 1924 in den Münchner Kammerspielen wieder eingefallen sein. Homolka als Mortimer kam sturzbetrunken auf die Bühne. Er torkelte herum und vollführte einen derart gefährlichen Balanceakt an der Rampe, dass die Leute in der ersten Reihe fürchteten, er falle gleich auf ihren Schoß. Dann wieder hatte man den Eindruck, er wolle sich schlaftrunken in eine Bühnenecke legen. Abwechselnd säuselte, brüllte, mümmelte und flüsterte dieser Mortimer. «Es war das Dreisteste, was ich jemals auf der Bühne gesehen habe», schrieb Herbert Jhering. Zum Erstaunen aller Beteiligten wurde der Abend dennoch ein Erfolg. Homolka bildete sich ein, er sei außergewöhnlich gut gewesen. Doch als er hinter die Bühne kam, wandte sich Brecht mit den Augen funkelnd zu ihm um und sagte: «Dieser hat die Vorstellung auf dem Gewissen.» Augenblicklich wurde Oskar nüchtern.

Später, in Berlin, hatten Helli und Homolka zusammen in «Baal» und auch in «Happy End» gespielt und manchmal abends bei Brecht Wiener Witze erzählt, die inzwischen alle, die dabei gewesen waren, kannten.

Nun erzählten die beiden Wiener ihre Witze an Sonntagabenden bei Brechts in Santa Monica oder auf den Partys bei Homolka. Man könnte sich die zwei auch auf der Terrasse des Hollywood-Stars vorstellen, um dort im Zwiegespräch das Wien ihrer Kindheit auferstehen zu lassen. Helli erinnerte sich an den Prater mit den Biergärten und Schenken, an die Buden mit weiß geschminkten Clowns, Gewichthebern, Schwert- und Feuerschluckern, um die herum dressierte Hunde tanzten.

Oskar sah Einheimische und Ungarn, Bosniaken, Slowaken, Ruthenen, sie alle Angehörige der großen Donau-Monarchie, die Kärntner Straße und den Graben entlangflanieren, sie redeten in allen Sprachen. Und in der Leopoldstadt hörte man noch das Jiddisch der orthodoxen Juden mit ihren langen schwarzen Bärten, Schläfenlocken und Kaftanen. Und dann stiegen die beiden Wiener in einen der Fiaker mit seinen leisen Gummiradln und fuhren in eins der Heurigenlokale. Und wäre ihnen nicht ein neu eingetroffener Partygast mit seinem lauten «Hi, wie geht's?» dazwischengekommen, sie hätten die Schrammeln unter den Lindenbäumen noch gehört.

Nach dem Krieg hätten Brecht–Weigel die beiden Schauspieler aus Hollywood gern zu Gastspielen nach Berlin geholt. Doch auch daraus wurde nichts. Homolka brach nach Brechts Vorladung vor den Senatsausschuss zur Untersuchung «unamerikanischer Umtriebe» jeden Verkehr mit dem Angeklagten ab.

Mit den Jahren war ihr Freundeskreis gewachsen, sodass auch die Brechts an den Sonntagen Freunde und Bekannte in ihr Haus einluden. Es kamen Kortners, der Dichter Leonhard Frank und Salka Viertel, der Dirigent Otto Klemperer, eine Zeit lang die Schauspieler Curt Bois und Rudolf Forster, manchmal Heinrich Mann, einer der letzten großen Herren, der noch immer wie ein vornehmer Patriziersohn aus Lübeck sprach, und natürlich

Feuchtwangers. Man saß auf harten Stühlen mit Hellis Apfelstrudel auf dem Schoß und debattierte heftig. Ein paar amerikanische Brecht-Verehrer versuchten, den deutschen Unterhaltungen zu folgen. Weigel flatterte durch die Räume und versicherte jedem, dass er willkommen sei. Sie verstand es durch ihre Gastfreundschaft und Liebenswürdigkeit, eine Atmosphäre der Zusammengehörigkeit zu schaffen. Es war angenehm, mit ihr zu sprechen, sie spürte, was ihre Gäste interessierte. Auf Brechts Empfehlung trug sie «den bäuerlich weiten Rock/Bei dem ich listig auf die Länge dränge:/Ihn aufzuheben in der ganzen Länge/An Schenkeln hoch und Hintern, gibt den Schock./Und wenn du hockst auf unsrer Ottomane/Laß ihn verrutschen, daß in seinem Schatten/Durch den Tabakrauch wichtiger Debatten/Dein Fleisch mich an die gute Nacht gemahne».

Je länger der Krieg dauerte, umso häufiger kreisten die wichtigen Debatten um seinen Verlauf und um die Politik.

Wo waren die Brechts an jenem Sonntagnachmittag im Dezember 1941, als die Nachricht kam, japanische Flugzeuge hätten den amerikanischen Militärstützpunkt Pearl Harbour auf einer der Hawaii-Inseln bombardiert? Das kam der Kriegserklärung Japans an die USA gleich, und wenig später erklärte auch Deutschland Amerika den Krieg. Etwa hunderttausend Japaner, selbst solche, die die amerikanische Staatsbürgerschaft besaßen, mussten die Westküste verlassen und kamen in weit entfernte Internierungslager. Auch wer aus Deutschland kam, galt nun als feindlicher Ausländer, als «enemy alien», und durfte abends das Haus nicht mehr verlassen. Doch wurde die Einhaltung des Verbots nie kontrolliert; bald hielt sich niemand mehr daran. Schließlich wurden alle Beschränkungen für Flüchtlinge aus Europa wieder rückgängig gemacht.

Weihnachten 1941 luden die Brechts Feuchtwangers ein, auch Elisabeth Bergner und deren Mann, Alexander Granach und Fritz Lang. Alle standen noch unter dem Schock des schnellen

Vormarsches der deutschen Truppen bis vor Moskau und im Süden auf die Krim. Anfang Dezember hatte eine erste sowjetische Gegenoffensive begonnen, und alle schöpften neue Hoffnung.

Die Weissager und Gerüchteköche hatten ihre große Zeit. Langs Frau versorgte ihre Gäste mit astrologischen Voraussagen. Andere prophezeiten, noch 1942 werde Hitler von seinen Generälen umgebracht, deutsche Truppen würden in Island landen, und in Berlin werde schon gestreikt. Hoffnung und Entsetzen wechselten einander ab.

Dann wendete sich das Blatt. Bei Feuchtwangers diskutierte man jetzt über die britische Libyenoffensive und jubelte, als die Alliierten im Juni 1944 in der Normandie landeten und eine zweite Front eröffneten. Eingeladen bei Kortners, saß die Gesellschaft aufgeregt am Radio, als Mussolini, der italienische Diktator, stürzte.

Man hätte meinen können, die Ungewissheit angesichts des schrecklichen Geschehens in Europa habe alle politischen Meinungsverschiedenheiten unter den Flüchtlingen erstickt. Aber sie nahmen in den Kriegsjahren eher zu und führten zu Misstrauen und Entfremdung.

Hatte Brecht Franklin D. Roosevelt kritisiert oder jemand anders? Jedenfalls schmiss Homolka den Schriftsteller Bruno Frank aus seinem Haus, nachdem dieser plötzlich losgedonnert hatte: «Ich lasse es nicht zu, dass hier der Präsident kritisiert wird.» Kortner beschuldigte Fritz Lang des Antisemitismus und legte sich auch mit Brecht, dem von ihm hochverehrten, an. Was sollte man in diesen Zeiten von den Deutschen halten? Brecht beklagte, dass sie knechtisch seien, unfähig zu revoltieren. Helli schlug irgendwann vor, kräftig an ihnen Rache zu nehmen. Der Schauspieler hingegen verteidigte enthusiastisch das andere, das gute Deutschland, an das zu glauben er nicht müde wurde. Beide Männer sprachen eine Zeit lang nicht mehr miteinander.

Im Streit mit Thomas Mann verteidigte Brecht wiederum die

Deutschen. Musste man wie in Washington von deutscher Kollektivschuld sprechen oder wie in Moskau zwischen Hitler und den Deutschen unterscheiden? Sollte man ein entsprechendes Manifest aus Moskau unterschreiben oder nicht? Brecht tat es, auch Feuchtwanger, Mann zog seine Unterschrift zurück. Brecht wütete. Ein paar Jahre später sollte sich zeigen, dass ausgerechnet die Russen, die die Kollektivschuld ablehnten, sich so verhielten, als gäbe es sie doch, die hingegen, die sie bejahten, sahen in den Deutschen bald Partner gegen die Russen.

Es ist schwer, etwas über Helene Weigels politische Meinung zu sagen. Es findet sich darüber nichts in den Erinnerungen anderer an die Jahre in den USA. Sie äußerte sich dazu nicht schriftlich. Auch in Brechts Journal kein Hinweis. Und wenn sie mit dem, was er sagte, nicht einverstanden war, so ließ sie es im Beisein anderer nicht erkennen. Doch darf man annehmen, dass sie im Blick auf die Sowjetunion und den Kommunismus unkritischer war als ihr Mann.

Brechts Verhältnis zu Stalin und zur Sowjetunion blieb zwiespältig wie in Dänemark, auch wenn er das nach außen nicht erkennen ließ und vielleicht mit seiner Frau nicht einmal darüber sprach. Nach der Lektüre einer Stalin-Biographie notierte er: «im faschismus erblickt der sozialismus sein verzerrtes spiegelbild, mit keiner seiner tugenden, aber allen seinen lastern.» Dann wieder pries er im Gedicht jenen neuen Staat im Osten, «den ersten der Zeiten», in dem der Mensch dem Menschen kein Wolf mehr sei.

In der Regel äußerte Brecht seine Meinungen bestimmt und ruhig und war bei hitzigen Diskussionen um Gelassenheit und geradezu chinesische Höflichkeit bemüht. Aber er konnte auch ungeduldig, scharf, sarkastisch werden.

Kam zum Beispiel das Gespräch auf Ruth Fischer, die Schwester von Hanns Eisler, die sich in eine militante Antikommunistin verwandelt hatte, schrie er, diese Fischer sei ein Schwein, das erschossen werden müsste, und selbst Steffs Freund Hans Viertel, so berichtet Eric Bentley, sollte in Brechts Jähzorn wegen seiner trotzkistischen Überzeugungen erschossen werden. Allzu ernst war das nicht gemeint.

Und dann, eines Tages, war aller Zwist und aller Zorn vergessen. Brecht schlug sein Journal auf und notierte:

«8. 5. 45

nazideutschland kapituliert bedingungslos. früh sechs uhr im radio hält der präsident eine ansprache. zuhörend betrachte ich den blühenden kalifornischen garten.»

VI. «SEI FREUNDLICH, ICH MAG DICH»

Die Rückkehr

In Deutschland singt wieder Mackie Messer: Zwölf Wochen nach Kriegsende eröffnet Karl Heinz Martin mit der «Dreigroschenoper» die neue Spielzeit im Berliner Hebbel-Theater. Johannes R. Becher kehrt aus der Sowjetunion zurück und ruft die verbannten Dichter zur Heimkehr in das neue Deutschland auf. Wolfgang Langhoff, der neue Intendant des Deutschen Theaters in Berlin, telegrafiert an Brecht, er möchte den «Schwejk» inszenieren. «In aller Form und allem Ernst und aller Liebe» lädt Karl Heinz Martin Helene Weigel ein und verspricht, sie «in die wichtigste und bedeutendste Position zu bringen», denn weit und breit gäbe es keine ihr vergleichbare Person «für alle die wichtigsten Rollen der großen innern Kraft und Erkenntnis». Und warum Brecht nicht endlich käme?

1946 entschließt sich das Ehepaar zurückzukehren – zunächst nach Zürich. Von dort aus will man weitersehen. Brecht möchte in der Schweiz oder in Italien einige Inszenierungen vorbereiten, vielleicht mit Caspar Neher.

Für die Weigel beginnt wieder eine schwere Zeit. Es geht um Ausreise- und vorsichtshalber auch um Wiedereinreisevisa für die USA, Aufenthaltsgenehmigungen für die Schweiz, Freigabe-Anträge für das mitzunehmende Gepäck. Es muss ein Käufer für das Haus in Santa Monica gefunden werden, und irgendwann beginnt das Packen. Bei alledem schickt sie auch noch zahlreiche

Pakete: Zigaretten, Eipulver und Schokolade an deutsche Freunde und Kollegen, Zucker, Milchpulver und Seife für die Kantine des Kulturbundes in Berlin, hundert Pfund Mehl für den Verleger Suhrkamp, für Herbert Jhering und einen Schulfreund Brechts. Natürlich beteiligt sie sich auch an der von Feuchtwanger und Heinrich Mann initiierten Hilfsaktion für aus KZs und Zuchthäusern befreite Künstler.

Sechsundachtzig Care-Pakete sind schon abgegangen. Langsam wird das Geld knapp; weitere Spenden müssen aufgetrieben werden.

Jetzt, da das Ende des Exils in greifbare Nähe rückt, wird die Weigel ungeduldig; sie will endlich wieder «richtig arbeiten» und fragt Steffi Spira, inzwischen in Mexiko, ob sie nicht dort irgendwo auftreten könne. Allerdings, Fahrtkosten und Unterbringung müssten die Gastgeber tragen «wegen chronischer und unentwegter Pleite» ihrerseits. «Mein Hausfrauentum hängt mir … zum Halse heraus», schreibt sie an den alten Freund Ernst Busch. «Sei freundlich, ich mag Dich», bittet Brecht, der sich wieder einmal in New York aufhält. Er weiß, was seiner Frau zugemutet wird.

Endlich naht die Abreise. Was mitgenommen werden soll, steht in den Zimmern und den Fluren bereit: 5 Koffer mit Kleidern, 1 Korb mit Wäsche und Geschirr, 1 Koffer mit Nähmaschine und Buchbindermaterial, 1 Koffer mit Foto-Material, 2 Bücherkisten mit Brechts Manuskripten aus den Jahren des Exils, 2 Koffer mit Büchern, 1 Stuhl, insgesamt 13 Stücke.

Im Oktober 1947 bricht die Familie an die amerikanische Ostküste auf, nach New York. Von dort aus soll es weiter nach Europa gehen. Doch Brecht steht noch ein Verhör bevor: Er hat eine Vorladung des berüchtigten Senatsausschuss zur Untersuchung «unamerikanischer Umtriebe» erhalten.

Als deutsche Kommunisten während des Krieges beschattet zu werden war den Brechts nichts Neues. Bald nach ihrer An-

Längst ist der Entschluss gefasst, aus den USA zurückzukehren nach Europa. Längst hat die Weigel zahlreiche der dafür nötigen Genehmigungen besorgt und sich nach einem Käufer für das Haus in Kalifornien umgesehen. Da wird ihr Mann am 30. Oktober 1947 vor den berüchtigten Senatsausschuss zur Untersuchung «unamerikanischer Umtriebe» zitiert. Das FBI hat zahlreiches Belastungsmaterial, darunter eine Übersetzung der «Maßnahme», eingereicht. Weit davon entfernt, als unerschrockener Held zu gelten, redet sich Brecht geschickt heraus.

kunft in San Pedro legte das FBI eine Akte an, die im Lauf der Jahre immer dicker wurde. Der Autor Alexander Stephan wertete sie später aus und veröffentlichte die Ergebnisse. Seinem Buch ist zu entnehmen, dass Special Agents Brecht, seine Familie und Freunde, natürlich auch Ruth Berlau, ständig observierten. Die Methoden glichen denen des späteren Staatssicherheitsdienstes in der DDR. Man hörte alle Telefongespräche mit, installierte Wanzen, belauschte Liebesgeflüster mit Ruth Berlau, durchsuchte Hausmüll, kontrollierte Bankkonten und öffnete die Post. Die Damen Feuchtwanger und Weigel lasen sich am Telefon gegenseitig aus polnischen Kochbüchern etwas vor. Zwar verstanden sie selbst nicht, was sie radebrechten, hofften aber, mit ihrem Schabernack die Lauscher zu erschrecken.

Anonyme Denunzianten berichteten die abstrusesten Geschichten. Von dem frommen Werfel wollten sie wissen, er sei ein KPD-Führer gewesen. Klaus Mann beobachteten sie dabei, wie er ein Sahnetörtchen kaufte und damit in seinem Hotel verschwand. Über Brecht gaben sie zu Protokoll, er sei 1933 in Frauenkleidern dem KZ entkommen.

Im Lauf der Jahre wuchs das Misstrauen des FBI-Chefs Hoover gegen Brecht. Aus eigens für den Geheimdienst übersetzten Stücken und Gedichten schloss man, dass der Autor nicht nur einen kommunistischen Staat errichten wolle, sondern, mit allen Tricks des Untergrunds vertraut, auch Sabotage und die Zerstörung amerikanischen Eigentums progagiere. Die amerikanischen Geheimdienste waren genauso dämlich und machten sich genauso lächerlich wie später die der Stasi.

1943 drohte Brecht die Internierung. Aber entsprechende Bemühungen des FBI scheiterten am Einspruch des Justizministeriums in Washington. Das zeigt den Unterschied zur DDR.

Der FBI lieferte auch das Belastungsmaterial für Brechts Verhör vor dem Senatsausschuss. Zu dieser Zeit begann der Kalte Krieg und führte in den USA zu einer Hexenjagd gegen alle Linken; besonders die Filmwelt, hieß es, sei von Kommunisten infiltriert. Angesehene Regisseure, Produzenten und Drehbuchautoren, die berühmten «Hollywood Ten», mussten, da sie sich einer Befragung widersetzten, ins Gefängnis.

Das konnte Brecht sich nicht leisten. In New York bereitete er sich gründlich auf die Vernehmung vor. Erst einmal als Theaterszene ausprobieren, was in Wirklichkeit geschehen konnte. Ein Bekannter stellte fiktive Fragen, Brecht gab fiktive Antworten darauf. Es ging ihm nicht darum, hinterher als unerschrockener Held zu gelten; er wollte vielmehr jedes Risiko vermeiden und ungeschoren davonkommen, nach Hause.

30. Oktober 1947 in Washington. Im Publikum sitzen an diesem Vormittag viele Theaterleute vom Broadway, Journalisten, Kameraleute und Fotografen. Seine vorbereitete Erklärung darf Brecht nicht verlesen. «Sind Sie jetzt oder sind Sie jemals Mitglied der Kommunistischen Partei irgendeines Landes gewesen?», wird er gefragt. Vor ihm haben zwei amerikanische Autoren die Frage als unzulässig zurückgewiesen. Brecht erklärt, er wolle sich als Gast des Landes juristischer Streitfragen enthalten. Also: «Nein!» Und immer wieder: «Nein, nein, nein, nie!» Er sei ein unabhängiger Schriftsteller und wolle es auch bleiben. Der Ankläger zitiert aus der «Maßnahme». Der Zeuge redet sich heraus. Er wirkt unsicher, gehemmt, nach Worten suchend, alles andere als eindrucksvoll. Aber was ihm wichtiger ist: Er wird nicht angeklagt.

Am Nachmittag des 31. Oktober 1947 nimmt Brecht die Maschine nach Paris. In der Tasche trägt er sein gesamtes Œuvre, gebannt auf Mikrofilm. Mit dem Zug fährt er ein paar Tage später weiter in die Schweiz. Die Weigel und Barbara folgen mit dem Schiff. Steff, jetzt amerikanischer Bürger, bleibt in den USA. Die fünfzehn Jahre des Exils sind zu Ende.

Und nun das Zürcher Jahr. Noch am Abend seiner Ankunft trifft Brecht Cas, den alten Freund, der jetzt in Zürich lebt. Neher findet ihn verändert: «Er war dicker geworden, männlicher, zurückhaltender, und seine Zartheit war mehr nach außen gekehrt als früher. Seine Fassade der Härte war vollkommen von ihm abgefallen. Seine angeborene Güte kam zum Vorschein ... So war der lang ersehnte Tag gekommen ...»

Weihnachten 1947 feiern die Familien gemeinsam in Feldmeilen, einer Zürcher Vorstadt am See; Bekannte haben den Heimkehrern dort ihr Landhaus überlassen. Was wissen Erika und Caspar Neher, die die Nazizeit in Deutschland halbwegs überstanden haben, vom Schicksal der Daheimgebliebenen? Sicherlich weiß Brecht schon, dass sein Vater nicht mehr lebt. Wann hat er erfahren, dass Frank Banholzer, sein 1919 geborener Sohn, gefallen ist? Gemeinsam erinnern sich die Freunde an Walter Benjamin, der sich auf der Flucht über die Pyrenäen in einem kleinen spanischen Grenzort vergiftete. Spricht Helene Weigel, die über Wien in die Schweiz gekommen ist, vom Tod des Vaters und des Schwagers, oder hofft sie noch auf ein Wiedersehen? Nie wird sie öffentlich von dem Mord an ihren Angehörigen sprechen. Überwiegen an diesem Weihnachtsabend die mit so viel Schmerz verbundenen Erinnerungen oder freudige Erwartung?

Noch ein paar Monate, dann erlebt die Familie zum ersten Mal nach acht Jahren wieder einen europäischen Frühling und freut sich an der Fülle der wild wachsenden Blumen, an Schachtelhalm und Wiesenschaumkraut, an den frischen Farben der Pflanzenwelt. Alles sei ungleich schöner als in Kalifornien, befindet Brecht. Die Landschaft und vor allem die Sprache in den Gaststätten, auf den Gassen, die Auslagen der Buchläden und die Zeitungen – alles wirkt ungleich vertrauter als etwa in Stockholm und Helsinki, in Moskau und Los Angeles.

Nach und nach kommen immer mehr alte Bekannte und

Freunde in die Stadt. Zürich wird zum Treffpunkt der Daheimgebliebenen und Zurückkehrenden, von Autoren, Verlegern und Theaterleuten. Aus München reist Erich Kästner an und aus New York kommt Berthold Viertel. Brechts Tochter Hanne aus seiner Ehe mit Marianne Zoff besucht den Vater. In der Theatergaststätte «Kropf» sitzt plötzlich Zuckmayer am Tisch. Gemeinsam mit Kortner besuchen Brecht und Weigel die Premiere von Gorkis «Wassa Schelesnowa» mit Therese Giehse im Zürcher Schauspielhaus.

Auch das Schauspielhaus wirkt heimatlich. Seit der NS-Zeit arbeiten dort aus Deutschland und Österreich emigrierte Theaterleute wie der Dramaturg Kurt Hirschfeld und die Schauspieler Therese Giehse, Leonard Steckel und Maria Becker. Diese bedeutendste deutschsprachige Bühne außerhalb von Hitlers Machtbereich hatte während des Krieges Brechts «Mutter Courage», «Der gute Mensch von Sezuan» und «Galilei» uraufgeführt sowie nach dem Krieg Caspar Neher als Bühnenbildner engagiert.

Doch wurden Brecht–Weigel, jetzt selbst in Zürich, von der Direktion enttäuscht. Brechts Wunsch, den «Galilei» nach der mit Laughton erarbeiteten amerikanischen Fassung neu zu inszenieren, stieß nicht auf Gegenliebe. Für Helene Weigel fand sich keine Rolle. Lag es daran, dass die Giehse das gleiche Fach besetzte, oder traute man der lang Entwöhnten keinen neuen großen Auftritt zu? Doch war das Ehepaar sich einig, dass Helli nach der langen Pause dringend einer Bestätigung als Schauspielerin bedurfte. So kam es im Februar 1948 zur Uraufführung der «Antigone» in Chur.

Brecht traf eines Tages zufällig Hans Curjel auf der Straße, den früheren Dramaturgen an der Berliner Kroll-Oper. Jetzt leitete er das Stadttheater Chur. Als Curjel von den Schwierigkeiten des Ehepaares am Schauspielhaus in Zürich hörte, bot er eine Brecht-Inszenierung mit Helene Weigel in seinem Theater an.

Das kam beiden sehr gelegen; Helli war sehr recht, sich erst einmal auf einer kleineren Bühne zu erproben.

Ihr Mann entschied sich, die «Antigone» des Sophokles in Hölderlins Übersetzung zu bearbeiten. Caspar Neher entwarf ein Bühnenbild, dessen einzelne Elemente Modellcharakter nicht nur in der Schweiz gewannen.

Während der Proben zeigten sich die Schwierigkeiten. Die Antigone in der Gestalt Helene Weigels ging bekanntlich auf die Fünfzig zu, während ihren Bruder Polyneikes und auch den Herrscher Kreon junge Leute um die Zwanzig spielten. Also wurden alle Darsteller so stark geschminkt, dass die Masken den krassen Altersunterschied so weit es ging verbargen.

Ende Januar 1948 traf Ruth Berlau in der Schweiz ein. Sie hatte in den USA fotografieren gelernt, und Brecht beauftragte sie, das ganze Stück aufzunehmen. Alle ihre Versuche, sich von ihm zu trennen, waren gescheitert.

Am 15. Februar des gleichen Jahres fand die Uraufführung statt. Der Erfolg beim Publikum blieb aus, es gab nur drei Wiederholungen und eine Matinee im Zürcher Schauspielhaus. Aber in den Kritiken überwogen die positiven Stimmen, und das Wichtigste war erreicht: In Chur begriff Helene Weigel, «daß nichts, wenn man es nur will, verloren ist, auch nicht in diesem Beruf, daß man wieder von vorn beginnen kann, wenn man Vertrauen in das eigene Talent hat, in das, was man machen will und zu sagen hat». Sie war nun, Brecht zur Seite, auf eine zweite Bühnenlaufbahn vorbereitet.

In der Schweiz begann der bedeutendste Abschnitt der künstlerischen Zusammenarbeit Brecht–Weigel, jenes knappe Jahrzehnt, in dem Erfolg und Weltruhm des einen ohne den anderen nicht denkbar sind.

Nach der «Antigone»-Aufführung drängte die Weigel ihren Mann, endlich seine theoretischen Schriften zusammenzufügen. «Du brauchst ein Programm, habe ich gesagt, daß sie sehen, was du willst.» Brecht zögerte, gab sich verärgert, aber dann setzte er sich hin und schrieb im Sommer 1948 in Form von siebenundsiebzig Thesen das «Kleine Organon für das Theater», die erste systematische Beschreibung der Ästhetik des epischen Theaters.

In einem ersten Abschnitt wurde der Zweck des Theaters gekennzeichnet, seine Legitimation. Ein hoher Wert wurde der Unterhaltung, dem Vergnügen und Genuss zuerkannt. Doch sei Theater im «wissenschaftlichen Zeitalter» nicht allein um des Vergnügens willen da, sondern solle Kräfte entfalten, konflikt- und widerspruchsreiche, vor allem produktive, solle anregen zu weiterführenden Ideen und Folgerungen, zu der Einsicht, dass Veränderung möglich ist.

So, doppelt vorbereitet, müssen die Brechts nun entscheiden, wo sie künftig ihr Programm auf die Bühne bringen wollen. In der Schweiz haben sie so gut wie keine Chance. Im Nachkriegsdeutschland möchte Brecht vorerst nicht für dauernd leben. So fällt sein Blick auf Österreich. Der Dichter denkt an einen Wohnsitz in der Nähe Salzburgs und verhandelt über eine Mitwirkung an den wieder aufgenommenen Festspielen dort. Die Pläne scheitern. Nun versucht er zu erkunden, ob sich die Familie in München niederlassen könne. Doch ein entsprechendes Gesuch wird mit einem Gutachten des amerikanischen Geheimdienstes abgelehnt. Auch in der Schweiz hatte man Brecht weiter observiert.

Aus Ost-Berlin bringt der Schweizer Schriftsteller Max Frisch die Einladung des Kulturoffiziers der sowjetischen Militäradministration Alexander Dymschitz mit, die Leitung eines Theaters zu übernehmen. Die Weigel ist hellauf begeistert. Brecht zeigt sich erfreut, will aber gründlich überlegen.

Gewiss, die Politik in der Sowjetischen Besatzungszone entspricht nach allem, was er davon hört, am ehesten seiner Weltsicht. Für den Zweiten Weltkrieg macht er die deutsche Bourgeoisie verantwortlich; «die grausamkeit der nazistischen staats- und kriegsführung war genau das, was die bourgeoisie brauchte, sie empfahl ihr hitler», «um an der macht zu bleiben». Auch nach Hitlers Niederlage zeige der Kapitalismus überall seinen kriegerischen Charakter. Max Frisch, der die Brechts in der Schweiz kennen lernte, notiert 1948 in seinem Tagebuch: «Seine Haltung, und bei Brecht ist es wirklich eine Haltung, die jede Lebensäußerung umfaßt, ist die tägliche Anwendung jener denkerischen Ergebnisse, die unsere gesellschaftliche Umwelt als überholt, in ihrem gewaltsamen Fortdauern als verrucht zeigen, so daß diese Gesellschaft nur als Hindernis, nicht als Maßstab genommen werden kann ...»

Zwar hatte in England die Labour-Partei die Nachkriegswahlen gewonnen, und auch in anderen europäischen Staaten war die Sozialdemokratie neu entstanden. «der ‹westblock› wird pseudoprogressiv», hatte Brecht 1945 missgelaunt und skeptisch kommentiert. Von den demokratischen Sozialisten mit ihren antikapitalistischen Programmen erwartete er nicht mehr als die «herrschaft der sozialdemokratischen parteimaschine».

Brecht und Weigel sind überzeugt, dass dem seiner Natur nach ihres Erachtens friedlichen Sozialismus, wie er in der Sowjetunion existiert, die Zukunft gehören und die Bourgeoisie das Heft nicht mehr allzu lange in der Hand behalten wird. Selbst einem so kritischen Betrachter wie Karl Korsch erscheinen nun «die Perspektiven der ökonomischen und politischen Entwicklung für die Länder in der russischen Einflußsphäre besser, oder weniger verzweifelt, als in den Gebieten der westlichen Vorherrschaft». Woher nahm der sonst so kluge Mann nur diesen Optimismus?

Allerdings, im Unterschied zu seiner Frau, verschloss sich Brecht nicht der Kritik. Nach einem Schweizer Zeitungsbericht über «KZ-Zustände» in Polen beauftragte er Max Frisch, der zu einem Internationalen Friedenskongress nach Polen fuhr, dort Erkundigungen einzuziehen. Nach dessen Rückkehr hörte er ernsthaft und bestürzt, was der Kollege ihm berichtete. Die Stimmung schlug um, als Helene Weigel dazu kam. Plötzlich war kein Gespräch mehr möglich. «Nicht nur die Weigel hatte auf alles, was der Augenzeuge meldete, die gebrauchsfertige Auslegung in maßregelndem Ton; auch Brecht war wie verwandelt...», schrieb Frisch. «Ich saß in einer Prüfung, um durchzufallen. Unterrichtet darüber, was in Polen vorging, nahm ich mein Fahrrad.» Helene Weigel nährte immer nur die Gewissheiten ihres Mannes, richtige und falsche, aber nie die Zweifel.

Am 17. Oktober 1948 brechen Helene Weigel und Bert Brecht wieder einmal auf: zurück nach Deutschland. Der Weg über Bayern bleibt den heimkehrenden Hitler-Flüchtlingen versperrt, die Amerikaner verweigern die Durchreise. Also fahren sie zunächst nach Prag. Dort wartet schon Hanns Eisler. Sie treffen Egon Erwin Kisch und besuchen das Geburtshaus von Franz Kafka.

An der deutsch-tschechischen Grenze stehen zur Begrüßung der Schriftsteller Ludwig Renn, Vertreter der SED, Theaterleute. Auch in Dresden und Berlin ein herzliches Willkommen.

Bert Brecht ist fünfzig Jahre alt, seine Frau nur wenig jünger. Endlich wird sich ihr Lebenstraum erfüllen. Sie werden in dem von den Nazis befreiten Deutschland eine eigene Bühne haben.

VII. «MAN MUSS SICH ENGAGIEREN»

Entscheidung für das «andere» Deutschland

Die einst von Heinrich Mann so hoch gepriesene Berliner «Menschenwerkstatt» ist bis zur Unkenntlichkeit zerstört. Die Stadtmitte gleicht einem Schutthaufen, einer Ruinenlandschaft mit Steinresten einstiger Straßenzeilen, zwischen denen junge Bäume wachsen, magere Kinder mit blassen Gesichtern spielen und Ratten nisten. Durch die bloßliegenden Mosaikwände, die geborsten Marmorplatten und zerstörten Hallen der einstigen Reichskanzlei pfeift der Oktoberwind. Den Tiergarten, oder was davon übrig blieb, haben frierende Menschen auf der Suche nach Brennholz kahl geschlagen, Hungernde haben zwischen Bombenkratern Kartoffelfelder angelegt. In der Dunkelheit wirken die finsteren Straßen und menschenleeren Plätze furchterregend. In Gesprächen mit Arbeitern in der Wilhelmstraße begreift der zurückgekehrte Brecht: Noch immer wirkt die Panik nach, «verursacht durch die Plünderungen und Vergewaltigungen» beim Einmarsch der Sowjets in Berlin. «Der Anblick der ungeheuerlichen Verwüstungen erfüllt mich nur mit einem Wunsch: auf meine Weise dazu beizutragen, daß die Welt endlich Frieden bekommt. Sie wird unbewohnbar ohne Frieden.»

Aber es herrscht Kalter Krieg zwischen der einstigen Anti-Hitler-Koalition. Die Sowjets blockieren die Verkehrswege in die Berliner West-Sektoren; die Amerikaner haben eine Luftbrücke eingerichtet. Aus dem Roten Rathaus wird der bisherige Magistrat von Groß-Berlin vertrieben und ein provisorischer Magistrat nur für den Osten eingesetzt: Die Stadt bricht auseinander.

Wie andere aus dem Exil zurückgekehrte Prominente, zum Beispiel Arnold Zweig und Anna Seghers, wohnen Brecht–Weigel zunächst im früheren Verwaltungstrakt des zerstörten Hotels «Adlon», jener einstigen Nobelherberge am Brandenburger Tor, in der Gerhart Hauptmann und Thomas Mann abzusteigen pflegten.

Zwar ist das Ehepaar von dem freundlichen Empfang in Ost-Berlin beeindruckt, doch will es nicht vorschnell öffentliche Erklärungen abgeben. Schon 1938 hatte Brecht notiert: «Wenn ich bedenke, wozu mich das begeisterte Mitgehen geführt hat und was mir das oftmalige Prüfen genutzt hat, so rate ich zum zweiten.»

Positiv bewerteten Brecht–Weigel viele seit Kriegsende erfolgte gesellschaftliche Veränderungen; vor Andersdenkenden verteidigte Helli sie noch nachdrücklicher und leidenschaftlicher als ihr Mann. Sie war konsequenter und dachte parteilicher als er. Es erfüllte beide mit Genugtuung, dass frühere NSDAP-Mitglieder nicht mehr Politik machen, verwalten oder lehren durften und einstigen höheren Nazis ihr Besitz entzogen worden war. Sie begrüßten, dass jene, in denen sie die Urheber des Faschismus sahen, nämlich die Konzern- und Bankherren, die Rüstungsindustriellen und auch die Großgrundbesitzer, enteignet worden waren.

Wenn das doch auch «die neuen Herren» begriffen hätten! Aber die deutschen Arbeiter, monierte Brecht, seien offensichtlich nicht bereit, «die volksherrschaft in der form der diktatur … zu übernehmen». Das Programm leuchte ihnen nicht ein. Dennoch blieb er überzeugt, «dass ein befohlener sozialismus besser ist als gar keiner». Nur, für wen ist er dann besser?

Begriff das Ehepaar, dass 1948/49 eine neue Etappe der stalinistischen Politik begann? Der sowjetisch-jugoslawische Konflikt, die Unabhängigkeitsbestrebungen Belgrads, veranlassten Moskau, bisherige Rücksichtnahmen auf nationale Besonderheiten in den osteuropäischen Staaten aufzugeben und die kommunistischen Parteien dem Muster der KPdSU anzugleichen. Auch die SED beanspruchte ab 1948/49 als «bolschewistische Partei neuen Typus» allerorts «die führende Rolle». Das galt auch für das kulturelle Leben. Fortan bestimmte sie allein, was als «dekadent» zu verwerfen und als «fortschrittlich» zu fördern sei.

Während sich der Ost-West-Konflikt verschärfte, erklärten Stalins Ideologen, zwei Lager hätten sich im Weltmaßstab herausgebildet, das eigene «Lager des Friedens» und das des US-Imperialismus. Neutralität zwischen beiden Fronten könne es nicht geben, auch Pazifismus diene ausschließlich dem Feind und sei «unnachgiebig zu bekämpfen».

Um die Eingliederung Westdeutschlands in das «Feindeslager» zu verhindern und Einfluss in ganz Deutschland zu gewinnen, versuchte die SED 1949, eine Volksbewegung zu initiieren, die so genannte Nationale Front. Sie sollte sich hauptsächlich gegen den «amerikanischen Imperialismus» richten, der die Hauptschuld an der deutschen Spaltung trage, Westdeutschland als Aufmarschgebiet für einen Dritten Weltkrieg benutze und seine Wirtschaft konkurrenzunfähig mache. Diese Politik hatte absurde Folgen: Während Juden, des lagerübergreifenden Kosmopolitismus beschuldigt, aus wichtigen Stellen in der DDR entlassen wurden und Drangsalierungen fürchten mussten, lud FDJ-Chef Honecker frühere hohe HJ-Führer aus dem Westen zu freundschaftlichen Gesprächen ein. Alte Kommunisten hingegen, die in die falsche Himmelsrichtung geflohen waren, nämlich in die westliche, wurden beargwöhnt, dort als Agenten angeworben zu sein, und verloren ebenfalls maßgebliche Positionen. In der Sowjetunion umgeschulte frühere Wehrmachtsgeneräle beteiligten sich am Aufbau einer DDR-Armee, es begann die vormilitärische Ausbildung der Jugendlichen, während Pazifisten sich dafür verantworten mussten, das «Lager des Friedens» wehrlos den Aggressoren ausliefern zu wollen. Lasen Brecht und Weigel das SED-Blatt *Neues Deutschland*, die offiziellen Dokumente der Partei? Machten sie sich Sorgen über die neue Politik? «Es ist bekannt, wie vorteilhaft die Überzeugung, an der Schwelle einer neuen Zeit zu stehen, die Menschen beeinflussen kann», heißt es in Brechts Kommentar zu «Galilei». «Ihre Umgebung erscheint ihnen als noch ganz unfertig, erfreulichster Verbesserungen fähig, voll von ungeahnten und geahnten Möglichkeiten ...» Das galt jetzt für die Brechts, ganz erfüllt von ihren Plänen für ein neues, *ihr* Theater, eine moralische Anstalt des 20. Jahrhunderts.

In der Berliner Allee im Stadtteil Weißensee beziehen sie ein Haus mit vielen Zimmern, eingerichtet mit den aus Skandinavien zurückerhaltenen Möbeln und von Weigel neu erworbenen Antiquitäten, versorgt von einer Haushälterin und zwei Gehilfinnen, von der Hausherrin zur Sparsamkeit ermahnt, auch beim Trinkgeld für die Kohlenträger. Nicht genügend Geld zu haben wirkt lange nach. Gutes Bier, französischer Käse und andere Delikatessen, amerikanische Zigaretten und Zigarren sowie Haftplaste für die Gebisse werden für Westwährung in West-Berlin besorgt. Von dort kommen auch regelmäßig die wichtigsten Zeitungen.

Der von der SED geführte neue deutsche Staat mag mit allerlei Anfangs- und Übergangsschwierigkeiten behaftet sein, es mögen Fehlentscheidungen getroffen werden – Brecht ist gewiss: Weit hinten im Osten geht schon eine neue Sonne auf. Der Sieg der chinesischen Kommunisten ändert das Gesicht der Welt; «dies ist mir ständig gegenwärtig und beschäftigt mich alle paar stunden». Bei feierlichen Anlässen wird er bald den kragenlosen mausgrauen Chinesen-Anzug tragen, maßgeschneidert aus gutem englischen Wollstoff in der zentralen Leitung der HO-Konfektion am Alexanderplatz. So kennen die Freunde schon den jungen Brecht: seinen Hang, sich durch das Auffallende, das Ausgefallene zu stilisieren, den Gegensatz von Proletarier und Bürger in der Kleidung auf das originellste aufzuheben und allein schon durch den Anzug Sympathie für etwas zu bekunden, in diesem Fall für die Mao-Kommunisten.

Aber wenn er später, verärgert über Mittelmäßigkeit und Anmaßung von Funktionären in Ost-Berlin, gelegentlich erwägt, nach China auszuwandern, so weiß man nicht, soll man darüber spotten, weil eine kommunistische Diktatur nur weit genug weg sein muss, um sie zu bewundern, oder traurig lächeln: Der große Brecht als einer, den es vom Regen in die Traufe zieht?

Zunächst einmal erscheint es nützlich, gewisse Sicherungen zu treffen. Mit Haut und Haar will sich das Paar, will sich besonders Brecht, den Freunden nicht verschreiben. Noch bevor die DDR gegründet wird, im April 1949, beantragen er und seine Frau, bis dahin staatenlos, die österreichische Staatsbürgerschaft und erhalten sie im Jahr darauf. Ein österreichischer Reisepass wird den «Zugang zu so vielen deutschsprachigen Bühnen wie möglich», auch ins Ausland sichern. Mit einem ostdeutschen ist das ungewiss. Fortan wird jeder mit zwei Pässen, einem Berliner und einem Wiener, leben. Brecht, dieser in keine Schablone passende Individualist, der das Kollektiv verherrlicht und die Massen, tut gut daran, sich, seine Arbeit und die Seinen abzusichern, soweit das möglich ist. Zunächst jedoch, gleich nach der Ankunft, erscheint Skepsis unbegründet.

Brecht hat lange schon davon geträumt: «Während des Exils sagte er immer wieder: ‹Wenn ich nach Deutschland zurückkomme, ist meine allererste Inszenierung ,Mutter Courage‘ mit Helene Weigel.›» Das berichtet Berlau. Jetzt ist es so weit. Wenige Wochen nach seiner Ankunft in Berlin inszeniert Brecht am

Deutschen Theater die Geschichte der Marketenderin Anna Fierling, die mit einem Planwagen und drei Kindern, kleinen Gewinn einstreichend, zu den Schlachtfeldern des Dreißigjährigen Krieges zieht. Schließlich wird sie alles, auch die Kinder, durch den Krieg verlieren und dennoch unbelehrbar bleiben – einer jener unzähligen Menschen, die durch den Krieg betrogen werden und nichts daraus lernen.

Der Autor kann sich auf erfahrene Mitarbeiter stützen. Aus München eilt Erich Engel, der alte Freund, herbei, um bei der Regie zu helfen. Die Musik schreibt Paul Dessau; Brecht kennt ihn aus dem amerikanischen Exil. Aus dem Ensemble des Deutschen Theaters kommen so ausgezeichnete Darsteller wie Paul Bildt als Koch, Werner Hinz als Feldprediger und Angelika Hurwicz als stumme Kattrin. Bald darauf wird sie im Berliner Ensemble spielen.

Die Premiere am 11. Januar 1949 erleben Helene Weigel und Bert Brecht als einen der glücklichsten Abende ihres Lebens. Sie haben ihn sich im zwanzigsten Ehejahr gleichsam gegenseitig zum Geschenk gemacht; in dieser Vollendung ist seine Kunst ohne die ihre nicht zu denken.

«Für Helene Weigel» – Hat Brecht das Gedicht, das er für diesen Abend schrieb, unbemerkt auf ihren Garderobentisch gelegt oder ein wenig linkisch überreicht? «Und jetzt trete in der leichten Weise/Auf der Trümmerstadt alte Bühne/Voll der Geduld und auch unerbittlich/Das Richtige zeigend./Das Törichte mit Weisheit/Den Haß mit Freundlichkeit/Am gestürzten Haus/Die falsche Bauformel./Aber den Unbelehrbaren zeige/Mit kleiner Hoffnung/Dein gutes Gesicht.»

Im Publikum sitzen Theateroffiziere, Kritiker, Kollegen, Menschen aus allen vier Sektoren der Stadt. Vor dem weiß getünchten Rundhorizont der leeren hellen Bühne erscheint jetzt auf ihrem Planwagen, halb sitzend und halb stehend, die Courage, neben sich die stumme Kattrin, ihre Tochter, mit der

Mundharmonika. Eilif und Schweizerkas, die beiden Jungen, ziehen den mit Waren voll behangenen Karren. Die Alte schwenkt die Arme oder stemmt sie herausfordernd in die Hüften, eine vitale, resolute, sichere Frau: «Der Krieg ist nix als die Geschäfte/Und statt mit Käse ists mit Blei.» Zuschauer erinnern sich, wie auch sie vor ein paar Jahren unbeschwert in den Krieg gezogen waren, auch sie in dem Hochgefühl, Gewinn davonzutragen.

Hatte der Autor für seine Frau nicht zunächst die Rolle der stummen Kattrin geschrieben? Die hätte sie auch im Ausland spielen können. Ruth Berlau bezweifelt das. Brecht, erzählt sie, habe immer das Händlertalent seiner Frau bewundert, und zumindest alle Händler-Szenen seien von ihr inspiriert und dann, während der Proben, zusammen mit ihr entwickelt worden.

Joachim Tenschert hat eindrucksvoll beschrieben, wie die Weigel im Verlauf des Stückes die Anna Fierling immer wieder neu darstellte: «Veränderung der Stimme, der Stimmlage, der Sprechweise nach dem Tode der Tochter: Die Figur bekommt etwas Infantiles, Weibisches, was abstößt, und zugleich etwas bislang an ihr nicht beobachtetes Hilfloses, Verlassenes, was anrührt.» Courage wird alt und elend: «Veränderung im Rhythmus und im Tempo der Bewegungen, Verlangsamungen, Verschleppungen, Kraftminderungen ... Sie will es nicht wahrhaben, sie versucht dagegen anzugehen ...» Aber: «Sie wird schmaler, etwas schief auf der einen, ich glaube auf ihrer rechten Seite, sie zieht sich in sich zusammen, wirkt schmächtiger, dünner, kleiner auch, erst *trägt* sie das Kostüm ... jetzt hängt es ...» Mitleid kommt auf. Das reicht hier nicht! «Deshalb spielt die Weigel an gegen dieses Kläglich-Anrührende in der Erscheinung der Figur, indem sie ihr Verhalten als uneinsichtig spielt und störrisch, selbst Böses funkelt da in Ton und Ausdruck für winzige Momente auf ...»

Am Ende, kurz bevor die Courage zum letzten Mal, die Zuggürtel über ihrem Rücken, die Deichsel zwischen beiden Händen, sich vor ihren alten Karren spannt, nimmt die Weigel ihre Zahnprothese aus dem Mund und stolpert hohlwangig, schmächtig, tief gebeugt dem Heerhaufen hinterher: «Nehmts mich mit!» «So sah ich meine Generation den Krieg bis zum Ende durchhaltend, fluchend vor sich hinstolpernd, verwirrt und blind, nach West, nach Ost, wer weiß wohin, hinter sich Berge von Leichen, vor sich Städte und Dörfer in Flammen, jeder dieser Generation ein Mitschuldiger, jeder von ihnen aber auch ein Verführter», wird ein Bewunderer der Schauspielerin, Ernst Schumacher, später, zu ihrem 70. Geburtstag schreiben.

Schweigend verharrt das Publikum an diesem Premierenabend. Viele haben Tränen in den Augen. Dann bricht ein nicht enden wollender Beifall los. Immer wieder müssen sich Brecht und Weigel, Engel, Dessau, das Ensemble auf der Bühne zeigen. Niemand wird den Abend vergessen.

Die Kritik in Ost- und West-Berlin stimmt in den Beifall ein. Später wird man von der «weltberühmten Modellvorstellung» der «Courage» sprechen. Brecht ist begeistert von der großen Kühnheit seiner Helli. Elisabeth Bergner, die Helene Weigel als Schauspielerin bisher nie wahrgenommen hatte, sieht sie plötzlich überlebensgroß, einzigartig. Barbara, aus Zürich nachgekommen, erlebt ihre Mutter, die sie bisher putzend, kochend, kleidernähend kennt, plötzlich umjubelt auf der Bühne und ist hingerissen und bestürzt: Wie viel muss sie entbehrt, wie oft gelitten haben! Später werden auch Salka Viertel sowie Hans, ihr Sohn, Helli als Courage in Paris erleben. Salka umarmend, rief sie aus: «Ich bin froh, daß du da bist. So siehst du, daß ich auch was anderes kann als Gugelhupf backen.»

Die besten Schauspielerinnen werden anderswo die Rolle spielen; es wird keine Anna Fierling vom Format der Weigel geben und nur wenige, die durch eine einzige Rolle so viel Popularität erlangen. Die Rückkehr auf die Berliner Bühne: ein Triumph! Er wird sich 1951 wiederholen, als Helene Weigel wie vor zwanzig Jahren mit Ernst Busch «Die Mutter» spielt. Nach dieser Premiere bemerkte Brecht zu Anna Seghers neben ihm: «Wie sie das gemacht hat – etwas Edleres ist nicht denkbar.» Stolz aufeinander durch gemeinsamen Erfolg trägt bei zu Harmonie und Eheglück.

Im Januar 1949 rechneten Brecht und Weigel noch damit, im kommenden Jahr mit einem eigenen Ensemble in einem eigenen Theater, nämlich im Haus am Schiffbauerdamm, eine Modellbühne für ganz Deutschland zu errichten. Der Dramatiker, enttäuscht vom Niveau der Nachkriegsbühnen, wollte zurück zum hohen Standard der einstigen Bühnenkunst, also Traditionen bewahren und zugleich sein «Theater des neuen Zeitalters» vorstellen. Vorbereitende Gespräche beim neuen Berliner Magistrat dämpfen die freudigen Erwartungen. Bedenken werden laut; Brecht fühlt sich «als Stellensuchender» behandelt. Er spürt Misstrauen und zum ersten Mal «den stinkenden Atem» der Provinz.

Doch können die Rückkehrer mit dem Wohlwollen von Wilhelm Pieck, dem späteren Präsidenten, Johannes R. Becher, dem wie Pieck aus Moskau heimgekehrten Initiator des Kulturbundes, und mit der Unterstützung hoher sowjetischer Kulturoffiziere rechnen, und so kommt es schließlich doch zu den erhofften Entscheidungen. Der Intendant des Deutschen Theaters, Wolfgang Langhoff, erklärt sich bereit, bis der Umzug zum Schiffbauerdamm möglich werde, sein eigenes Haus alternierend für ein künstlerisch völlig selbständiges Ensemble zur Verfügung zu stellen. Der Magistrat sorgt für eine gesonderte Probebühne, und die SED-Führung weist die zuständigen Regierungsstellen an, die erforderlichen Mittel zu beschaffen: 1125000 Mark für laufende und 340000 Mark für einmalige Ausgaben sowie schätzungsweise 10000 Dollar für die Gagen von Schauspielern aus dem Westen. So sei es mit den sowjetischen Freunden beschlossen, Widerspruch ist nicht möglich.

Die Leitung dieses zu gründenden Berliner Ensembles, so hat Brecht von Anfang an entschieden, soll Helene Weigel übernehmen. Er selbst will sich damit nicht belasten und setzt auf ihre Verlässlichkeit und ihr Organisationstalent. Helli wird den Laden schon schmeißen. Fast ein Jahr dauern die Vorbereitungen. Besonders wichtig ist dem Ehepaar, erstklassige Regisseure wie Erwin Piscator und Berthold Viertel und für Gastspiele hervorragende Schauspieler zu gewinnen, Emigranten hauptsächlich aus der Schweiz und den USA. Brecht reist nach Zürich, und es gelingt ihm, unter anderem Gastspiele mit Therese Giehse und Leonard Steckel zu vereinbaren, allerdings zu sehr unterschiedlichen Bedingungen. Steckel will dreihundert Dollar; vielleicht sei es nötig, erfährt Weigel, derart viel zu zahlen. Therese hingegen werde wohl mit hundert Dollar zufrieden sein. Auch im «befohlenen Sozialismus» werden, wenn es nach Brecht geht, Mann und Frau nicht gleich bezahlt.

Das Ensemble soll sich zusammensetzen aus bewährten älteren Künstlern und begabten unverbrauchten jungen. Es besteht schließlich «aus Stars, Laien und Verrückten», so die Giehse später. Die Stars, wenn sie darauf bestehen, erhalten Stargagen und Diäten, auch ein Hotelzimmer in West-Berlin – Gelder, die bei den weniger Bedeutenden eingespart werden müssen. Insofern unterscheidet sich das «Theater des neuen Zeitalters» nicht vom alten.

Schwierigkeiten kommen auf. Schauspieler aus dem Westen, mit denen man gerechnet hat, sogar einige, um die sich Brecht bemüht hat, scheuen sich angesichts des Kalten Krieges, in Ost-Berlin zu spielen, weil sie entweder nach ihrer Rückkehr Benachteiligungen fürchten oder nicht als kulturelle Aushängeschilder der neuen DDR missbraucht werden wollen. Piscator, die Bergner, Peter Lorre sagen ab. Der eigenwillige, schwierige Fritz Kortner, der Brecht sehr liebt, fürchtet, von der «parteitreuen» Helli oder gar von Ulbricht selber «wegen Kosmopolitismus, Formalismus und Pazifismus» wieder davongejagt zu werden.

Die Zusammenarbeit mit dem Deutschen Theater ist komplizierter als erwartet. Bei der geringsten Kleinigkeit argwöhnt Brecht, man boykottiere ihn, schlägt Krach. Bald gehen er und Langhoff sich aus dem Weg. Immer wieder wird gestritten. Die neue Intendantin erweist sich manchmal als ziemlich rücksichtslos. Erwin Geschonneck, der aus dem KZ befreite Kommunist, der mit einem Vorvertrag für die Rolle des Mephisto in Goethes «Faust» aus Hamburg nach Berlin gekommen ist, wird von der Weigel abgefangen: «Servus Buberl, ja gell ... Sie sollen beim Langhoff vorsprechen ... Vielleicht sind Sie ja auch was für den Brecht.» Und dann, während Geschonneck in Abwesenheit des Intendanten auf der Bühne vorspricht, springt die Weigel auf die Bretter und entscheidet: «Den Mephisto soll der Langhoff selber spielen. Du spielst den Matti, Buberl.» So geschah's.

Am 12. November hebt sich zum ersten Mal der mit Picassos Friedenstaube geschmückte Vorhang des Berliner Ensembles zur Premiere von «Herr Puntila und sein Knecht Matti»; in den Hauptrollen Steckel und Geschonneck. Unter der Regie von Viertel folgt im Dezember Gorkis «Wassa Schelesnowa» mit Therese Giehse. Ende 1949 schreibt Brecht an seine Frau: «Liebe Helli. Dank für ein gutes Jahr, von dem Du das Größte warst.»

Die Ehefrau nicht nur als seine beste Interpretin, sondern zugleich als seine Intendantin – für Brecht war das eine ideale Lösung. «Er brauchte jemand, der sich in der gesamten Planung und in der Lösung unmittelbar praktischer Fragen auf ihn einstellte, ohne daß vorher alles abgesprochen werden mußte. An der Spitze sollte jemand stehen, der ihn völlig verstand, aber nicht den Ehrgeiz besaß, selbst die Richtung bestimmen zu wollen», schreibt Werner Mittenzwei. Weigel sah ihre Aufgabe darin, «Entscheidungen in seinem Sinne zu treffen».

Leicht war das nicht für eine Fünfzigjährige, die noch nie in einer leitenden Position, plötzlich Verantwortung für zunächst fünfzig und später mehrere hundert Mitarbeiter trug. Nichts war selbstverständlich, nichts war einfach; auch nicht, ein Büro zu finden. Schließlich gab man ihr ein paar Räume im Schauspielerclub «Die Möwe». Vor ihr lagen arbeitsreiche Jahre.

Helene Weigel war eine Perfektionistin. Sie kümmerte sich «um jeden Scheiß», wie sie es nannte. Zuweilen bediente sie sich dabei auch ihrer Schauspielkunst. Einmal fuhr sie, noch im Kostüm, von den Courage-Proben direkt ins SED-Parteihaus, um sich theatralisch über irgendetwas zu beschweren. Ein andermal wollte ein Schauspieler fünfzig Mark mehr Monatsgage. Da heulte sie los wie die Inhaberin eines Hutsalons, die Konkurs anmelden muss. Der Bittsteller, darauf vorbereitet, sagte nur, er wisse, was für eine gute Schauspielerin sie sei, und überreichte ihr ein Taschentuch. Augenblicklich tränenlos herrschte sie ihn an «Du Arsch!» und gewährte die gewünschten fünfzig Mark.

Auf irgendeine Weise musste sie auch damit fertig werden, dass sie, die große Schauspielerin, eine mit den wenigsten Bühnenrollen ist. Die Intendanzgeschäfte ließen nicht genügend Zeit. Helene Weigel bringt ein Opfer. In den zweiundzwanzig Jahren ihrer Tätigkeit als Intendantin, in ihrer produktivsten Zeit, hat sie nur zwölf Rollen auf den Bühnen des BE verkörpert. Ihr Büro steht allen offen. Das ist angenehm. Aber sie mischt sich auch in alles ein. Das ist unangenehm, denn die Prinzipalin kann auch bei Nichtigkeiten störrisch bleiben.

Bald nennen sie viele «die Mutter des Ensembles», manche auch «die Olle». «Muttern» mag Menschen, und sie meint, darin Eugenie Schwarzwald, ihrer Lehrerin in Wien, nacheifernd, Humanismus heiße, dass man Leuten helfe. Und so hilft sie: Um Wohnungen für «ihre Leute» zu beschaffen, schlägt sie sich mit

Sturköpfen auf Behörden rum, beteiligt sich am Möbelsuchen und Beschaffen von Kindergartenplätzen oder Kohlen. Einmal treibt sie ballenweise grünen Cordsamt auf; fortan läuft fast jeder im Ensemble mit einem grünen Kleidungsstück herum. Gibt es in der Kantine auch genug zu essen? Sie besorgt zusätzliche Lebensmittel und beweist den Köchen, dass man auch mit wenigem etwas schmackhaft zubereiten kann. ‹Heut hat die Olle selbst gekocht›, raunt anerkennend ein Beleuchter.

Kennt irgendjemand in Ostdeutschland irgendeinen Antiquitätenladen, den diese fanatische Sammlerin noch nicht heimgesucht haben sollte? Mit den Neuerwerbungen hilft sie, Bruchbuden in anheimelnde Zimmer zu verwandeln – eine Mutter, die ihre Fürsorge für die kleine Brecht-Familie auf die große, das Ensemble, übertragen hat. Aber auch eine ideenreiche Innenarchitektin, eine Pädagogin, die lehrt, sich mit schönen Dingen zu umgeben, eine Künstlerin, nicht nur auf der Bühne.

Doch dieser Holzschnitt von der ins Positive gekehrten Mutter Courage verdeckt das Vielseitige und auch die Widersprüche im Charakter dieser Prinzipalin. Meist offen, sehr geradeheraus, konnte sie, um ihren Willen durchzusetzen, auch bauernschlau, ausgesprochen listig sein, das «liebenswerteste Aas», das man sich vorstellen kann (Jürgen Kuczynski). Sie war warmherzig und spröde, gutmütig und unnachgiebig, und stritt ebenso gern, wie sie beschwichtigte. Herzlich ging sie auf die Menschen zu und blieb privat doch sehr verschlossen. Besaß sie Menschenkenntnis? Einige bezweifeln das.

Am allerwenigsten ertrug sie Ungerechtigkeit und war doch selber manchmal ungerecht, wenn ihr jemand unsympathisch war. Wer hingegen zu den «Lieblingen» zählte, wurde zum Essen eingeladen, bekam, wenn nötig, auch ein Darlehen oder einen schwer zu beschaffenden Kühlschrank für die Wohnung.

Die Weigel schimpfte, scheuchte, forderte und fluchte, umwarb schmeichlerisch und schalkhaft, gab sich unwirsch und dann wieder heiter. Sie war mitfühlend und hilfsbereit. Doch wollte ihr jemand ebenso entgegenkommen, wies sie ihn zurück: «Das Mitgefühl mit mir, das möchte ich gern vermeiden, das halte ich für überflüssig, unrichtig und schädlich», hat sie im Rückblick auf die Jahre des Exils gesagt. Das galt ebenso für die betrogene Ehefrau. Sie war stolz.

Wie die junge konnte auch die alte Weigel derb, dreist, burschikos und, wenn sie wollte, beeindruckend würdevoll und vornehm sein. Sie suchte Nähe, gab sich kumpelhaft und bewahrte doch zugleich Distanz. Während sie ihre Mitarbeiter duzte, mussten diese ihre Intendantin siezen. Nicht immer war klar zu unterscheiden: Wann war sie ganz sie selbst? Wann spielte sie?

Verhaltene erotische Zuneigung zum eigenen Geschlecht drückte sich aus als allgemeine «Wir-Weiber-Solidarität», die mitunter sogar Brechts Geliebte einschloss. Gegen männliche Vorherrschaftsgelüste müssen Frauen zusammenhalten, davon war die frühe Feministin überzeugt. Doch im Unterschied zu ihrer Jugendzeit hielt sie sich, wie übrigens auch Brecht, in der DDR wie schon in den USA an die prüde Staatsdoktrin und tat so, jedenfalls nach außen, als gäbe es keine andere Liebe als die zwischen Mann und Frau.

Die künstlerische Leitung des Ensembles oblag natürlich Brecht. Die Verantwortung für das Personal, die Finanzen, Verwaltung, Technik und Beschaffung trug die Intendantin. Er gab an, was für Aufführungen benötigt wurde, sie war dafür verantwortlich, dass es zur rechten Zeit zur Stelle war. Neueinstellungen und Entlassungen galten nur mit ihrer Unterschrift. Nie sagte sie «mein Mann», und er sprach nicht von «meiner Frau».

Nicht immer funktionierte die Zusammenarbeit. Dennoch gilt das Wort Erwin Geschonnecks auch für die Arbeit im BE: «Ohne die Weigel hätte Brecht niemals die Kraft und den Ruf gehabt, das zu werden, was er dann geworden ist ...»

Im Februar 1948 steht Helene Weigel in Chur erstmals wieder auf der Bühne, als Antigone des Sophokles in der Bearbeitung von Brecht – eine Bewährungsprobe, die Mut macht und das künstlerische Selbstbewusstsein stärkt.

Während Helene Weigel abends auf der Bühne stand, saß Brecht mit seinen engsten Mitarbeitern in Weißensee und besprach die nächsten Inszenierungen; er wollte Modellaufführungen seiner Stücke hinterlassen. Dabei legte er Wert auf Schüler und Vertraute, die seine Überlegungen nachvollziehen konnten, die er anregte und die ihn anregten, eigene Ideen einbringend und womöglich Widerspruch anmeldend. Wie schon früher arbeitete er gern mit einem Team, «im Kollektiv». Frühzeitig erhielten die begabtesten seiner jungen Assistenten, zum Beispiel Egon Monk, Benno Besson und Peter Palitzsch, die Möglichkeit, selbst Regie zu führen, Brecht unterstützte sie dabei.

Dabei war er selbst ein leidenschaftlicher Regisseur. Die Proben, besonders in den letzten Tagen vor einer Premiere, konnten sich zehn Stunden hinziehen. Das Ensemble hatte es mit einem zuweilen schamlosen sozialistischen Ausbeuter zu tun, auch wenn er gemeinhin von sprichwörtlicher Höflichkeit war, die allerdings nichts über seine tieferen Empfindungen sagte, freundlich und vergnügt; es wurde konzentriert gearbeitet und viel gelacht. Doch wenn Brecht der Jähzorn überfiel, brüllte er derart, dass sich seine Stimme überschlug. Dann warf er auch dem begabtesten Akteur die schrecklichsten Schimpfworte an den Kopf und wies einen anderen kurzerhand hinaus. Hielt er Kritik für unberechtigt, gar beleidigend, konnte es geschehen, dass er mit dem Kritiker wochenlang nicht sprach. Wie die Weigel konnte auch Brecht plötzlich grob und ungerecht gegenüber einem Menschen sein, weil ihm dessen Nase nicht gefiel. Obgleich er seinem Ensemble sehr viel abverlangte und sein Jähzorn schreckte – er faszinierte alle.

Was war es denn, was so bestach, bezauberte, bestrickte? Seine Mitarbeiter gaben darauf viele Antworten: seine Sprache, sein Denken, seine Souveränität! Brechts aus allen Wurzeln drängende, wuchernde Produktivität! Nicht zu vergessen: sein Wissensdurst, sein Charme und Witz! Er lehrte, das Poetische und

165

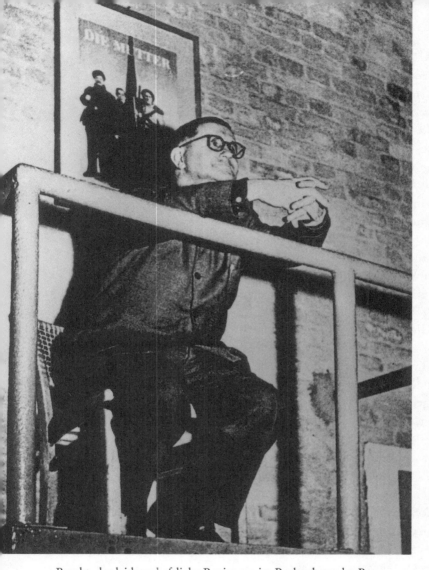

Brecht, der leidenschaftliche Regisseur, im Probenhaus des Berliner Ensembles. Seine Mitarbeiter faszinierte er mit Charme, Höflichkeit und Witz, sie bewunderten seine Produktivität und Präzision. Er brachte nichtgekannte Fähigkeiten anderer ans Licht und verband sie mit eigenen Ideen. «Brecht war das Vollkommenste» – so die Schauspielerin Therese Giehse.

Sinnliche, das Artistische und Schöne in allen Erscheinungen kunstvoll wahrzunehmen und es in das Leben und die Kunst zu übertragen. «Unmöglich, sich seinem Einfluß zu entziehen!», meinte Elisabeth Hauptmann. «Man tut alles für ihn! Er prägt die Menschen und erzeugt eine eigene Brecht-Umgebung, in der der Gegensatz von Privatleben und Beruf kaum noch zu existieren scheint.» Peter Palitzsch sagt noch heute: «Ich lernte bei ihm denken, in Widersprüchen denken. Die Zusammenarbeit mit Brecht – ach, es war ein Stückchen Paradies!» «Brecht war das Vollkommene», meinte Therese Giehse. Er hatte nichts von der Anziehungskraft des jugendlichen Genies verloren.

Zwar legte Brecht Wert darauf, für seine Inszenierungen Stars zu gewinnen, doch erwartete er von ihnen, dass sie sich ins Ensemble einfügten. Jeder wurde wie ein ernst zu nehmender Mitarbeiter behandelt, von dem Angebote, Vorschläge erwartet wurden. Indem er seine Schauspieler zugleich ermunterte, so weit wie möglich ihre Rolle selber zu gestalten, gelang es Brecht, selbst mittelmäßige Darsteller zu erstaunlichen Leistungen anzuspornen. Brachliegende Fähigkeiten brachte er ans Licht und verband sie mit den eigenen Ideen. Knapp und plastisch spielte er vor, wie er sich eine Geste, einen Tonfall dachte. Es gab nichts, was Brecht nebensächlich oder gar unwichtig erschien. Wie die Weigel legte auch er den allergrößten Wert auf Perfektion.

Eine Geste oder irgendein Schritt, ein Gesichtsausdruck werden in immer wieder neuen Variationen wiederholt, weil sie den ganzen Charakter eines Menschen widerspiegeln können. Brieflich protestiert Brecht bei Ernst Busch gegen ein «Mützchen», das sich dieser als Azdak im «Kreidekreis» übers Haar gezogen hat. Es stimme «folklorisch» und sehe «bulgarisch» aus. Lieber keine Kopfbedeckung als diese falsche.

Der Regisseur und die Intendantin legen gleichermaßen Wert auf die richtige Auswahl und handwerkliche Schönheit der Kostüme, auf die Gestaltung der Räume und Requisiten. Geschmack, Ästhetik dürfen nicht länger nur bürgerliche Kategorien bleiben. Auch Arbeiter sollen die Musikalität der Sprache, die Grazie von Bewegungen, die erlesenen Farben und Schnitte von Kostümen wahrnehmen und sich daran freuen. Die Weigel bemerkt, dass die Tischdecken im Verlobungsbild des «Puntila» durch Tee gezogen werden müssten, damit sie gelblich und nicht so weiß aussähen. Oder sie notiert: «Drähte und Bänke dunkler, Gras grüner, Baumstämme brauner». Oder eine bestimmte Schürze sei zu lang, und «Conrad könnte etwas unrasierter sein».

Zuweilen fragten Eifrige, ob das, was sie nun machten, episches Theater mit allen erwünschten Effekten, vor allem der Verfremdung, sei. Zu ihrem Erstaunen war Brecht an solcherlei Fragen und Diskussionen wenig interessiert; «das Wort Verfremdung fiel bei seinen Proben nicht», weiß Besson. Wichtig waren ihm das Tänzerische, Musikalische, das Groteske und das Märchenhafte, vor allem künstlerisches Format.

Einmal hörte der Schauspieler Rudolf Fernau zu, wie Brecht einen Kollegen kritisierte, es ginge in einem bestimmten Dialog der «Courage» noch zu trocken und humorlos zu. «‹Da jagt kein Witz den anderen. Ihr steht zu sehr daneben ... Streut doch ein bißchen Klamottenpulver, Freunde!› ‹Ja, aber›, warf der Kritisierte ein, ‹wo bleibt denn dann die Verfremdung?› ‹Hätte ich diese ominöse Vokabel nie meiner Brust entfleuchen lassen!›, seufzte Brecht ... ‹Spielt doch ungeniert saftig-volkstümliches Theater!› ... ‹Aber die Theorie von der Verfremdung ist dann futsch›, so der andere wieder. ‹Sündigt ruhig dagegen, ich erteil euch jetzt schon Absolution›, beruhigte ihn Brecht.» Der einstige große Antipode von Max Reinhardt hatte keine Scheu, bei aller unverwechselbaren Eigenständigkeit die besten Traditionen des Reinhardt'schen Theaters in dessen früherer Wirkungsstätte «brechtig» fortzusetzen.

VIII. «AUFGEFRESSEN WURDE ICH VON DEN WANZEN»

Im real existierenden Sozialismus

Dem Ehepaar muss bald bewusst geworden sein, dass seine politischen Freunde, zugleich Interpreten der Parteidoktrin, nicht davor zurückschreckten, Brecht künstlerisch einzuschränken. Laut gewordene Kritik an der Courage, weil sie sich nicht zur positiven Kriegsgegnerin wandele, verbunden mit der demagogischen Frage, ob Brechts episches Theater sich nicht in «volksfremder Dekadenz» verliere, mochten Brecht–Weigel noch als untypische Äußerung eines Dogmatikers verstanden haben. Aber in den darauf folgenden Jahren, zwischen 1950 und 1953, häuften sich Einsprüche, Schikanen und Verbote. Dem zugrunde lagen Parteibeschlüsse, die zum «Kampf gegen den Formalismus» und für den «sozialistischen Realismus» in der Literatur und Kunst aufriefen. Brechts Vorstellungen vom Theater galten als nicht deckungsgleich mit der sozialistischen Kunstdoktrin und umgaben den wegen seines propagandistischen Nutzens Geduldeten, ja Gefeierten, mit dem Stigma der Dekadenz. Damit wurde auch jene einst so heile Welt der proletarisch-kommunistischen Subkultur mit ihren revolutionären Kunstentwürfen aus den Jahren der Weimarer Republik verworfen, und ihre eindrucksvollsten Repräsentanten, die damals die Verbrüderung von Kunstavantgarde und kommunistischer Gesellschaftsform erstrebten, wurden in der DDR Schmähungen und Drangsalierungen ausgesetzt.

Brecht hatte damals die Texte geschrieben, Eisler sie musikalisch umgesetzt und Busch sie hinreißend gesungen. Und jetzt? Hanns Eisler, Mitbegründer der proletarischen Kampfmusik, wird 1952 beschuldigt, in einem von ihm selbst verfassten Libretto zu einer geplanten Oper sich am «humanistischen deutschen Erbe» vergangen zu haben. Vorübergehend zieht er sich gekränkt nach Wien zurück. Im gleichen Jahr wird Ernst Busch, der einstige «Barrikaden-Tauber», des «Proletkults» und «Sektierertums» bezichtigt. Schon zuvor hatte die SED-Führung die Aufführung eines Brecht-Stückes über die Pariser Kommune als nicht parteigemäß verhindert, zahlreiche Änderungen am als pazifistisch geltenden Libretto und in der angeblich formalistischen Musik der Lucullus-Oper von Dessau–Brecht erzwungen, schließlich auch Brecht-Stücke aus den Lehrplänen für Oberschulen gestrichen und den Druck von Brechts «Kriegsfibel», ebenfalls wegen «pazifistischer Tendenzen», untersagt.

Wie stark die jahrelang vom sowjetischen Exil geprägten deutschen Kommunisten, die nun in den SED-Chefetagen saßen, sich von Traditionen der alten KPD entfernt hatten, zeigt ihre Kritik an der Aufführung der «Mutter» im Berliner Ensemble, ausgerechnet jenem Schauspiel, das 1932 als *das* kommunistische Lehrstück gefeiert worden war. Einzelne Szenen, hieß es nun, seien nicht nur «historisch falsch», sondern auch «politisch schädlich», nicht realistisch, sondern formalistisch. Die Parteiführung bestimmte Wilhelm Girnus, einen Redakteur der Parteizeitung, zum «politischen Berater» Brechts.

Brecht gibt nach, wo er meint, durch Kritik neue Einsicht zu gewinnen oder wo durch Widerspruch nichts zu gewinnen sei. Im Übrigen ist er der Meinung, Mannesmut gehöre nicht zur notwendigen Grundausstattung eines literarischen Talents. Er sei nicht auf die Welt als Held oder gar als Märtyrer gekommen, sondern um zu überleben und zu dichten. Um das in der DDR zu können, sei grundsätzliches Einverständnis notwendiger als

Widerspruch. Wichtig sei ihm, notierte Käthe Rülicke, künstlerische Auseinandersetzungen in größeren politischen Zusammenhängen zu sehen. Brecht bejahe «die Notwendigkeit einer Übergangsdiktatur» in der DDR, «die zwar viele Härten und Ungerechtigkeiten mit sich bringt, aber in der es um Sein oder Nichtsein geht. Ästhetische Probleme sind da zweitrangig.» Die Künste müssten da zurückstehen. Das ist ein Freibrief für Unterdrückung.

Und was ist vom angesagten «Kampf gegen den Formalismus» zu halten, in den Brecht hineingezogen wird? Der sei natürlich ein «grober politischer Fehler», ein «Zeichen für den Tiefstand der Kunst», erfährt die Mitarbeiterin. Doch «sind dies kinderkrankheiten, nichts schlimmeres». Gerade deshalb sei es ja so wichtig für die DDR, hier große Kunst, sprich sein Theater, zu erhalten und große Künstler arbeiten zu lassen, sprich Bertolt Brecht, den «Bürger in Opposition», wie er sich selbst bezeichnet.

Die selbst ernannten Vertreter der neuen Klasse im Umgang mit Freund und Bürger Brecht – bisweilen erinnert das an eine Farce, belustigend und traurig: Brecht schreibt für die Jugendorganisation FDJ das «Aufbaulied»: «Besser als gerührt sein ist, sich rühren/Denn kein Führer führt aus dem Salat ...» Einspruch: Das stellt die führende Rolle der Partei in Frage. Einspruch abgelehnt. Zeile bleibt. Brecht verfasst, ebenfalls für die FDJ, den Text für eine Kantate, in der Ernst Busch erwähnt wird, jedoch nicht Pieck. Warum dann Busch? Bitte Namen streichen! Nein! Dann wird das Ganze abgesetzt! Oder: Brecht inszeniert am Berliner Ensemble «Katzgraben» von Erwin Strittmatter. Einspruch des Lehrerkollektivs der Gewerkschaftshochschule: Warum tanzt die Dorfjugend auf der Bühne so unbeholfen, linkisch? Gibt es denn auf den Dörfern keine schönen Menschen? Und überhaupt: Die Darstellung des Klein-, Mittel- und Großbauern wird nicht den Beschlüssen des III. Parteitages der SED gerecht.

«Den Haien entrann ich,/die Tiger erlegte ich,/aufgefressen wurde ich/von den Wanzen.» Brecht, Epitaph 1946

Es gibt nicht den geringsten Hinweis, dass Helene Weigel in Auseinandersetzungen zwischen Brecht und Funktionären irgendwann die Partei der Kritiker genommen hätte. Dazu stand sie ihrem Mann viel zu nahe und nahm ihm ab, was sie nur konnte, nicht zuletzt den Umgang mit den verstocktesten Bürokraten. Obwohl auch sie es, sicherlich auf Bitten Brechts, für opportun gehalten hatte, der SED nicht beizutreten, um künstlerische Möglichkeiten außerhalb des Ostblocks nicht zu erschweren, sahen maßgebliche Leute in Partei und Staat in ihr noch immer die Genossin und baten die parteilose Intendantin zu wichtigen parteiinternen Sitzungen über Literatur und Kunst als Gast hinzu. Sicherlich lag das auch daran, dass sie in der Ehefrau die verständige Vermittlerin zwischen dem Dichter und der Führung sahen.

Gegen deren Maßlosigkeit verteidigte sie Brecht, betonte, dass man Einwände oft berücksichtige, und äußerte sich, offensichtlich in vorheriger Absprache mit ihrem Mann, couragiert und kritisch über vorhandene Mängel und das Niveau künstlerischer Diskussionen. Doch hielten sich Weigel sowie Brecht gleichermaßen an den Grundsatz, Kritik sei nur unter überzeugten DDR-Bürgern berechtigt. Angriffe «von außen» verbaten sie sich scharf. «Brecht verteidigte die DDR leidenschaftlich», schrieb Frau Rülicke in ihr Tagebuch.

Die Einstellung des Ehepaares glich der eines anderen einst vom Hitler-Staat Verfolgten, Viktor Klemperers, auch er ein kritischer Bürger in der DDR. «Der Kulturcurs der SED ist mir verhaßt, u. z. Zt. bin ich andauernd sein Opfer», schrieb er im Juni 1950 in sein Tagebuch, «aber es gibt theoretisch u. praktisch keinen anderen Platz für mich als bei ihr, sie ist in all diesem Elend in Notwehr für die einzig wahre Sache» oder doch für die *ge-*

rechtere» – fügte er ein paar Wochen später einschränkend hinzu.

Die neue Ehekrise hatte keine politischen Gründe. Im Frühjahr 1953 verließ Helene Weigel das Haus im Berliner Stadtteil Weißensee, suchte sich eine eigene Wohnung in der Nähe des Theaters und erwog erneut die Scheidung. Die Kinder standen nun auf eigenen Beinen, Steff in den USA, Barbara in Ost-Berlin. Auch finanziell war ihre Mutter unabhängig. Gründe, sich von Brecht zu trennen, gab es mehr als einen.

Der Konflikt spielte sich zeitweise auf offener Bühne ab. Schon 1952 fiel Mitgliedern des Ensembles die Veränderung im Verhalten ihres künstlerischen Leiters auf. Häufig benahm er sich wie ein Despot. Gewiss, man wusste, gesundheitlich ging es ihm wieder mal nicht gut. Hatte er sich übernommen? Beruflich und – privat? Vergeblich versuchte die Intendantin zu vermitteln; dann begriff sie, dass auch sie Zielscheibe seines Unmuts war.

Vorschläge seiner Frau wischte er im Beisein anderer geringschätzig beiseite: Arbeiteten sie als Schauspielerin und Regisseur zusammen, kritisierte er die Weigel derart unbeherrscht und laut, dass es den Kollegen peinlich war. Entgegen ihrer sonstigen Art weinte sie sich hinterher bei diesem oder jenem im Ensemble aus.

Sah Brecht nicht, wie er die Autorität der Intendantin untergrub? Von Anfang an hatte es Schwierigkeiten mit einigen Mitarbeitern gegeben, die sich eher vom großen Brecht was sagen lassen wollten als von seiner Frau. Zum Beispiel die junge Schauspielerin Regine Lutz aus Zürich, unverdächtig, Brecht besonders nahe zu stehen, verhielt sich ihrer Intendantin gegenüber zunächst so, als liefe die nur nebenher. Aber kaum hatte Frau Lutz ihr Verhalten korrigiert, tauchte ein viel schwierigeres Problem auf: Brechts Hauptfrau war als Intendantin zugleich die Vorgesetzte seiner Nebenfrauen – der alten und der neuen.

Besondere Schwierigkeiten machte die erste Neue, die junge, hübsche und begabte Käthe Reichel, im Oktober 1950 von Helene Weigel für das Berliner Ensemble engagiert. Wie einst Margarete Steffin kam auch sie aus einer Arbeiterfamilie, schrieb Erzählungen und Gedichte, spielte das Dienstmädchen in der «Mutter»-Aufführung des BE und bekam bald immer größere, immer bessere Rollen. Brecht hatte eine zweite, ihr auch äußerlich ähnliche Grete gefunden und zugleich ein Gretchen für die «Urfaust»-Inszenierung. Doch im Unterschied zu der bescheidenen ersten Grete war das Käthchen so übermütig stolz auf seine Sonderrolle, dass es sich bald allerlei herausnahm und mächtig auftrumpfte. Das erboste sowohl die Intendantin als auch die Kollegen. Doch wie sollte Käthe so einfach damit fertig werden, die umworbene Geliebte des ihrer Meinung nach «größten aller Theaterdichter» zu sein? Er schrieb Liebesgedichte für sein Kattrinchen, bevorzugte sie bei den Proben so sichtbar, so nachdrücklich, dass alle anderen neidisch wurden, arbeitete, um alle ihre Möglichkeiten auszuschöpfen, stundenlang mit ihr allein an einer Rolle und sicherte ihr wie Goethe seinem Käthchen Schönkopf einen Platz im Kapitel Brecht der deutschen Literaturgeschichte zu. Und eine solche Frau sollte sich von «der Ollen» was sagen lassen?

Früher waren die Geliebten ihres Mannes ungefähr gleichaltrige und vom Beruf her gleichrangige Frauen gewesen. Jetzt musste sich die über fünfzigjährige Intendantin durch eine Junge und Untergebene doppelt gedemütigt fühlen. Das war eine neue Konstellation. Ansonsten erinnerte das Liebesleben des alternden Brecht an viel seit langem Gewohntes. Wie im Berlin der zwanziger Jahre blieb es nicht bei einer Nebenfrau, es mussten mehrere sein. Auch Käthe Rülicke und später Isot Kilian, die Frau des Philosophen Wolfgang Harich, erweckten bei ihm zärtlichste Gefühle – Nebenfrauen und zugleich Mitarbeiterinnen, aufopfernd und unentbehrlich.

Auch die neuen Geliebten litten unter Brechts Feigheit, die zu dem komplizierten Geflecht seiner Liebesbeziehungen nun einmal dazuzugehören schien und die sie als Missachtung deuteten. Auch wenn sein Gefühl für die eine schwächer und für eine andere, vielleicht gerade neue stärker wurde, entschloss er sich ja nie zum Bruch, sondern wollte die Zurückgesetzte aus dem Lebensband nicht lösen. Einem anderen Mann sollte sich die Vernachlässigte nicht zuwenden dürfen.

Die Liebe zu dem Dichter erzeugte das Gefühl von Ausweglosigkeit und den Wunsch, ihn zu bestrafen. Nach Elisabeth Hauptmann und Marieluise Fleißer versuchten auch Ruth Berlau und Käthe Reichel, Selbstmord zu begehen. Mitfühlend – nein, nicht mit den Frauen, sondern mit dem erschrockenen Brecht meinte der alte Geschonneck später: «Er war sehr gütig, sehr lieb und sorgte für seine Freundinnen. Sie aber waren oft so undankbar, daß er darunter gelitten hat.» Ach, die Männer…

Die Weigel hatte Recht: Da blieb nur der Zusammenhalt unter den so «Undankbaren»: Wie einst sie und die Steffin, kamen Ruth Berlau und Kattrinchen durch gemeinsam erfahrenes Leid einander näher, und Käthe Reichel fand in Elisabeth Hauptmann eine uneigennützige Stütze.

Wer sich einmal mit Brecht verbunden hatte, kam von ihm nicht wieder los. Und so verwundert es auch nicht, dass nach Brechts Rückkehr nach Deutschland auch Ruth Berlau sich dort einfand sowie Elisabeth Hauptmann, nun die Ehefrau Paul Dessaus. Zwar war auch sie, die zunächst Brechts Buchveröffentlichungen betreute, enttäuscht darüber, wie wenig Zeit er für sie hatte, auch dann, wenn Bess ihn brauchte. Doch das störte nicht die sachliche Zusammenarbeit. Ganz anders verhielt es sich mit Berlau.

Aus der Schweiz – dort hatte sich ihr Wunsch, mit Brecht zusammenzuleben, erneut zerschlagen – war sie wiederum hoffnungsvoll nach Berlin gekommen. Brecht besuchte sie nun wenigstens regelmäßig, man aß gemeinsam Mittag, und er empfing in ihrer Wohnung Freunde sowie Mitarbeiter.

Dann aber war Kattrinchen gekommen, und der neu Verliebte hatte ungleich weniger Zeit und blieb nie, wie so oft versprochen, bis zum nächsten Morgen bei seiner Ruth. Die trank, wurde streitsüchtig und unberechenbar, legte sich auch mit der Polizei an, verfiel in Depressionen und musste in der geschlossenen Anstalt der Charité behandelt werden. Man sprach von einem Selbstmordversuch. Besuchern zeigte Ruth in ihrer Wohnung einen Strick und einen Haken, an dem sie sich eines Tages aufhängen werde.

Einmal richtete sich ihr Zorn gegen das «junge Fleisch», die jungen «Ziegen», denen Brecht verfallen sei, dann wieder gegen diesen selbst und gegen die Weigel. Diese hatte zwar auch in Berlin darauf bestanden, dass Berlau ihr Haus nicht betreten dürfe, aber deren Aufnahme als Fotografin in den festen Mitarbeiterstab des Ensembles nicht verhindern können. Bald beschwerte sich Frau Berlau, das Fotografieren fülle sie nicht aus; sie wolle schreiben und Regie führen. Das sei ihr Fach und ihr Beruf. Allein schon, um eine Zeit lang Ruhe vor der Anstrengenden zu haben, verschaffte ihr Brecht anderswo Regieaufträge und bezog sie in Berlin immer weniger in seine Arbeit ein. Das ertrug Ruth Berlau nicht. Mitarbeiter erinnern sich: Brecht hat eine Verabredung mit ihr nicht eingehalten. Wütend wirft sie einen Pflasterstein durchs Fenster. Oder: In Gegenwart der Weigel und anderer Kollegen geht Berlau auf Brecht los und ohrfeigt ihn. Sie erhält Hausverbot, kümmert sich nicht darum und so fort.

Oft brachte sie die Intendantin zur Verzweiflung. Dann wieder tat ihr die Dänin Leid. Als Hans Viertel eines Tages Helene Weigel bei einem Gastspiel in Paris wieder sah, blickte sie während des anschließenden Empfanges plötzlich über seine Schulter und äußerte mit sanfter Stimme: «Da ist Ruth! Du mußt ihr Hallo sagen!» Der kleine Zwischenfall machte auf Hans Viertel großen Eindruck; «es war so anders als all das, was man heute so in den Büchern liest».

Was immer Ruth Berlau Brecht auch vorzuwerfen hatte, wie oft er sie auch enttäuschte und «wie den letzten Dreck behandelte» – sie wollte unter allen seinen Frauen «lieber No 5» als «No 1» bei einem anderen sein. Ihre Briefe unterschrieb sie mit «Deine Kreatur» und fühlte sich zugleich benutzt, verbraucht und aufgefressen. «Wenn es soweit» sei, hatte er ihr einst versprochen, wolle er gemeinsam mit ihr leben. In Ost-Berlin hingegen erklärte er ihr jetzt: «Wenn ich morgen auf der Straße tot umfalle, bist Du schuld. Du hast mich fünf Jahre meines Lebens gekostet.» Er aber kostete sie ein halbes Leben. Im Gegensatz zu Helene Weigel gelang es dieser einst so schönen und selbstbewussten Dänin nicht, bei aller Nähe doch zugleich Distanz zu wahren und ein selbständiger Mensch zu bleiben. Sie wollte den ganzen Brecht, und der war nicht zu haben. An dieser Tatsache scheiterte ihr Leben.

Mit Helene Weigel versöhnte Brecht sich wieder. Da er sich in dem großen Weißenseer Haus allein nicht wohl fühlte, sah er sich nach einer Wohnung um, die bald gefunden war. Helli, die zusammen mit Barbara im Sommer 1953 an der Ostsee Urlaub machte, wurde schriftlich informiert, es gäbe da in der Chausseestraße, direkt neben dem Dorotheenstädtischen Friedhof, ein zweistöckiges altes Hinterhaus mit Garten und Garage, das er am 1. August beziehen werde. Es folgten Erörterungen über den kommenden Spielplan und fürsorgliche Bemerkungen über die Gefahren allzu langen Schwimmens in salzhaltigen Gewässern. Danach wurde die in der Ferne Grollende mit «Dein b.» gegrüßt.

Weigels Reaktion war versöhnlich. Ausführlich ging sie in ihrer Antwort auf die Theatervorschläge ein – die Arbeitsgemeinschaft blieb intakt – und bedauerte geradezu fürsorglich, dass er, um sich zu entspannen, nicht für ein paar Tage zu ihr nach Rügen gekommen sei.

Als Zeichen seiner Hochachtung schlägt Brecht zu gleicher Zeit Helene Weigel wie auch den Autor des «Katzgraben», Erwin Strittmatter, für hoch dotierte DDR-Auszeichnungen, für den Nationalpreis, vor, den beide im Oktober auch erhalten. Bald danach zieht Helli, die von ihrem Mann bewunderte Schauspielerin und Prinzipalin, Mutter seiner Kinder und nun auch wieder Vorsteherin des Haushalts, in die über Brechts Wohnung gelegenen Räume in der Chausseestraße ein.

Die Verliererin war Berlau, die nicht ertragen konnte, dass Brecht wieder mit der Weigel zusammenlebte. Sie erhob absurde, bösartige Beschuldigungen und schrieb an Brecht, sie sähe ihn und Weigel wie unter einem Vergrößerungsglas als «zwei komische, böse Affen».

In den wenigen Jahren, die ihnen bis zu seinem Tod noch blieben, nahm Helene Weigel das Liebesleben ihres Mannes mit mehr Gleichmut hin als früher, zuweilen sogar mit Humor. Lachend äußerte sie einmal zu der Tochter: «Er ist so treu, der Herr Brecht, leider zu zu vielen.» Helli hatte in den dreißig Jahren des Zusammenlebens begriffen: Brecht liebte sie auf seine Weise, und es war zwecklos, von ihm zu verlangen, auf die ihre geliebt zu werden.

Ein Jahr vor dem Tod des Dichters, im Frühjahr 1955, kam Lotte Lenya nach Berlin. Ihr Mann, Kurt Weill, war 1950 in New York gestorben. Gemeinsam mit ihrem neuen Gefährten George Davis besuchte sie die Brechts. «Wenn sie zusammen sind», schrieb dieser einem Freund, «wirken Brecht und die Weigel wie schlaue, zähe Bauersleute, aber manchmal bricht auch eine ganz andere Atmosphäre durch, dann sind sie wie ein zwielichtiges Intrigantenpaar oder wie zwei Leute, die zur Tarnung eine Pfandleihe betreiben. Du kannst Dir also vorstellen, daß sie einen enormen Reiz auf mich ausüben.»

Während Helene Weigel 1953 an einem Friedenskongress in Budapest teilnahm, erlebte Brecht den Arbeiteraufstand in Berlin. Schon am Vormittag des 17. Juni bekundete er brieflich seine Verbundenheit mit der SED und ihrer Schirmherrin in Moskau, sprach sich jedoch zugleich für einen ausführlichen Dialog mit den Unzufriedenen aus, um Fehlentscheidungen der Führung, «unglückliche und unkluge Maßnahmen» zu revidieren. Die Partei veröffentlichte nur die Ergebenheitsfloskel; Brecht protestierte nicht öffentlich dagegen. In der Mittagszeit begrüßte er Unter den Linden die sowjetischen Panzer, die den Aufstand niederschlugen, und erwog sogar vorübergehend, in die SED einzutreten. «Faschistisches und kriegstreiberisches Gesindel», meinte Brecht, habe das berechtigte Aufbegehren unzufriedener Arbeiter für den Umsturzplan missbrauchen wollen. Der sozialistische Staat sei in Gefahr gewesen. «Mehrere Stunden lang, bis zum Eingreifen der Besatzungsmacht, stand Berlin am Rande eines dritten Weltkriegs.» Der überzeugte Kommunist sah sich der Alternative ‹schlechter Sozialismus› oder ‹verbrecherischer Kapitalismus› gegenüber, und da er überzeugt war, Faschismus und Krieg seien vom Kapitalismus gezeugte Zwillingsbrüder, entschied er sich angesichts des Aufstands für das seines Erachtens kleinere Übel.

Später wiederum verspottete er jene, die triumphierten, über die Streikenden gesiegt zu haben. Seine «Buckower Elegien» drücken Entmutigung und auch Gewissensbisse aus.

So wie Brecht erging es auch Helene Weigel und anderen Künstlern und Intellektuellen in der DDR. Ihr Freundbild wackelte – den ein «neues Zeitalter» repräsentierenden Staat hatten sie sich anders vorgestellt –, aber an ihrem Feindbild ließen sie nicht rühren. Die Bundesrepublik lag für sie auf der anderen Seite jener Barrikade, die das Neue von dem Alten trennte. Eine wirkliche Demokratie bei gleichzeitiger Beibehaltung der Besitzverhältnisse – so etwas gab es für sie nicht. Freie Wahlen hielten sie für einen Trick der Bourgeoisie, der Hitler zur Macht verholfen hatte. Wie die Parteiführung der SED erhofften sie Bundeskanzler Adenauers Sturz und fürchteten ernsthaft, dass dieser zusammen mit den Amerikanern und alten Nazis auf einen neuen Krieg hinarbeite.

Menschen, die von Hitler aus Deutschland vertrieben worden waren, musste tief beunruhigen, dass in bundesdeutschen Parlamenten wieder ein früherer Stabschef der SA, ein persönlicher Referent von Goebbels, ein General der Waffen-SS und andere einstige hohe Nazis saßen, dass das Auswärtige Amt in Bonn an die zweihundert frühere NSDAP-Mitglieder in den höheren Dienst übernommen und Adenauer alte Nazis auch in sein Kabinett berufen hatte.

Auf die Rückkehr linker, aus Deutschland vertriebener Künstler schien man in der Bundesrepublik keinen Wert zu legen. Ja, es konnte geschehen, dass aus dem Exil Heimkehrende als Drückeberger beschimpft wurden, als Verräter, die ihr Vaterland im Stich gelassen hätten. Feuchtwanger zum Beispiel wurde in der DDR in hohen Auflagen gedruckt und mit Preisen ausgezeichnet, in westdeutschen Buchhandlungen fehlten seine Werke. Den ihm von den Nazis aberkannten Doktortitel gab ihm die Münchner Universität erst auf östliche Initiative hin per Post und ohne Anschreiben zurück. Die Kunst in Westdeutschland verfaule im «Sumpf der bürgerlichen Barbarei», behauptete Bert Brecht.

Immer, wenn sich der Ost-West-Gegensatz verschärfte, wurde in Westdeutschland Brecht-Boykott empfohlen. Gastspiele des BE galten als «Stoßtruppunternehmen östlicher Kommunisten». Aufführungen von Brecht-Stücken wurden kurzfristig abgesagt oder brauchten Polizeischutz. Im Deutschen Bundestag verglich der damalige Außenminister von Brentano Bert Brecht 1957 mit Horst Wessel, jenem ermordeten SA-Mann, dessen völkisch-sentimentaler Liedertext im NS-Staat zur Nationalhymne gehörte.

Nur der Generalintendant der Städtischen Bühnen Frankfurt, Harry Buckwitz, widerstand Boykottaufrufen und spielte immer wieder Brecht. Das war ein unerschrockener Mann.

Aber auch jene liberalen Bundesbürger, die Brecht und Weigel verehrten, verwunderte, dass beide durch Aufrufe, Unterschriften und Reden sich jene östliche Friedensrhetorik zu eigen machten, die in ihren Ohren falsch klang. Sie verstanden nicht, dass Brecht die Bundeswehr als «Überfallheer» bezeichnete und eine chinesische Panzereinheit freudig als «für den Frieden werbend» besang. Statt sich gegen die Aufrüstung in beiden Teilen Deutschlands zu wenden, sparte die Kritik des Ehepaares das eigene Lager aus.

Dem eigenen Lager, der UdSSR sowie der DDR, galt ihre Solidarität, aus Überzeugung wie aus Pragmatismus. Mochten einige oppositionelle Kommunisten sich heimlich für das kleine Jugoslawien begeistern und bei dem Paar auf Beistand hoffen – sie irrten sich. Brecht und Weigel hielten sich ausschließlich an die stärkste und mächtigste Bastion des Sozialismus, alles andere hielten sie für Unsinn und gefährlich. Als die Regisseurin Ruth Berghaus einmal die Theaterpolitik in Moskau kritisierte, antwortete ihr Brecht: «Frau Berghaus, Sie sind nicht stärker als die Sowjetunion.»

Ähnliches galt für die DDR. Mochte ihre Nationalfarbe auch das Grau sein, sie galt Brecht–Weigel als ein Bollwerk gegen eine Wiederholung des Faschismus. Und während Helli, vom Charakter her entschiedener als ihr Mann, Unrecht sogar mit einem menschenverachtenden «Wo gehobelt wird, da fallen Späne» verteidigte, antwortete Brecht auf kritische Bemerkungen Käthe Reichels mit dem einfachen: «Kattrin, da ist nichts Besseres!»

Gewiss, sie erhielten Ehrungen und zahlreiche Auszeichnungen und genossen Privilegien. Aber beide fühlten sich auch in hohem Maße mitverantwortlich für ihren Staat und engagierten sich wie nur wenige andere Künstler.

Woher nahm Helene Weigel, die ausgefüllte Schauspielerin und Intendantin, nur die Zeit und Kraft für ihre unzählige Aktendeckel füllende Korrespondenz mit Behörden und Betrieben? Sie machte Vorschläge für die Produktion von Kinderschuhen mit weichen Kappen, praktische Hemdchen, geschmackvolles Essgeschirr, für hautschonende Waschmittel und elastische Männersocken. Sie machte aufmerksam auf mögliche Schadstoffe in Schminken, hergestellt in DDR-Betrieben, besorgte Schmalfilmprojektoren für Kindergärten und ging den Zuständigen häufig kräftig auf die Nerven: eine unermüdliche DDR-Bürgerin, wie die Partei sie wünschte.

Brecht arbeitete Vorschläge für die Lehrpläne der Schulen aus und stellte eine Leseliste für die Bibliotheken der Nationalen Volksarmee zusammen. Er ließ sich zum PEN-Präsidenten der DDR und Vizepräsidenten der Ost-Berliner Akademie der Künste wählen und engagierte sich für eine Kulturpolitik, frei von der Gängelei parteitreuer Dummköpfe im Herrschaftsapparat. Durch Eingaben bei den zuständigen Instanzen versuchten er und seine Frau, Mitarbeitern zu helfen, die aus politischen Gründen verhaftet worden waren: Brecht seinem Meisterschüler in der Akademie der Künste, dem Lyriker Martin Pohl, Weigel dem jungen Schriftsteller Horst Bienek.

In der gemeinsamen Theaterarbeit legten beide von vornherein besonderen Wert auf die Zusammenarbeit des Ensembles mit Betrieben. Die Intendantin lud häufig Arbeiter zu Aufführungen und anschließenden Diskussionen ein, und das Ensemble gastierte in volkseigenen Betrieben. Was für ein Arbeitspensum! Der Bürger und die Bürgerin, die sich immer noch ein bisschen schämten, nicht als Arbeiterkinder auf die Welt gekommen zu sein, lebten und arbeiteten für die Arbeiter, obgleich man wenig voneinander wusste.

Doch durchzog das Leben von Brecht und Weigel in der DDR ein Zwiespalt, mit dem sie bis zu ihrem Tod nicht fertig wurden.

Auf Dauer konnte nicht gelingen, das Bekenntnis zur Macht mit jenem Mythos zu verbinden, an dem sie seit langem hingen wie der Christ an seinem Gott: Unerschütterlich glaubten Brecht und Weigel an das Proletariat als geschichtsbewegende revolutionäre Kraft, die eine von Ausbeutung freie, friedvolle Gesellschaft der Liebe und Gerechtigkeit erkämpfen werde. Aber jene, die die DDR regierten, teilten diese Heilserwartung nicht oder hatten sie schon längst vergessen. Sie herrschten *über* das Proletariat und nicht in seinem Namen. Das war die Tragik vieler linker Künstler und Intellektueller in der DDR: Sie meinten der Partei und damit auch dem Proletariat zu dienen. Aber das Proletariat war keine revolutionäre geschichtsbewegende Kraft und die DDR kein Arbeiter- und Bauernstaat.

Endlich im «Schiff»! Im September 1953 wurde das Theater am Schiffbauerdamm dem Berliner Ensemble zugesprochen, und Anfang 1954 konnte es endlich in jenes Haus umziehen, in dem einst Reinhardt seinen berühmten «Sommernachtstraum» und Engel die «Dreigroschenoper» inszenierten.

Die Intendantin begann sogleich, das Theater soweit wie möglich zu verschönern. An dem im wilhelminischen Barock gehaltenen und mit Schmuckelementen überladenen Zuschauerraum ließ sich kaum etwas verändern. Von den Rängen starrten Titanen, Engel und Göttinnen aus grauem Stuck mit dicken Busen, goldenen Lorbeerkränzen und weiten Flügeln. «Die Bühne bauen wir um, die Putten... lassen wir, damit es nicht aussieht, als hätten wir zu große Illusionen», dementierte Brecht. Da blieb nur, wenigstens den großen Vogel über der Proszeniumsloge, den Preußen-Adler, mit roten Klebestreifen zu verdecken.

Umsichtig achtete die Weigel auf jede Kleinigkeit: auf die Ausbesserung beschädigter Stuckatur, die Materialien und die Schrift der Kassenschilder, die Wasserspülung der Toiletten.

‹Was ist mit dem Aufzug? Warum geht er nicht? Noch irgendetwas, was man unverzüglich reparieren muss?› Schlamperei wird nicht geduldet. Kaum ist die Renovierung abgeschlossen, stellt sich heraus: Die Entstaubung der Stuckfiguren hat die Akustik in Mitleidenschaft gezogen. «Und wie kriegen wir den Dreck nun wieder rauf?», will die Weigel wissen.

Neu eingerichtet wird die Kantine in dem kleinen Seitenhaus. Die Intendantin entwirft extra anzufertigende einfach gebeizte Tische und eiserne Lampen unter braunen Pergamentschirmen. Zinnteller werden als Aschenbecher aufgestellt und an den mannshoch getäfelten Wänden Kostümfotos, Skizzen für die Inszenierung des «Kreidekreises», chinesische Tuschzeichnungen aufgehängt.

Brecht zog sich ins Turmzimmer zurück. Vom Foyer führte eine in das Muster der Holztäfelung einbezogene und für den Unkundigen nicht erkennbare Tür in einen kleinen, karg möblierten Raum mit einer Liege, die sowohl zum – unbequemen – Lieben wie der Ruhe diente. Ein Balkon gab den Blick frei auf die Spree, den Bahnhof Friedrichstraße und den damaligen Admiralspalast.

Die Räume der Intendantin, ebenfalls im Haupthaus, glichen eher Wohn- als Arbeitsräumen. Von dem mit Rupfen bespannten Flur mit kleinen Wartebänken gelangte man durch die Vorzimmer in Helene Weigels Raum mit einem schweren, schwarz gebeizten runden alten Holztisch, umstellt mit hohen schönen Stühlen. Wände und Borde waren geschmückt mit Handpuppen, Kinderzeichnungen, Plakaten, Strohblumenkränzchen, Fotos. Das Fenster führte auf den Hof hinaus. Sie hatte es vergrößern lassen, um die Bewegungen der Mitarbeiter besser beobachten zu können. Aber auch von diesen wirft manch einer einen unauffälligen Blick hinauf, «bemüht, herauszukriegen, wie ‹Muttern› in Stimmung ist, ob sie Besuch hat, ob sie schon weg ist ... oder umgedreht: Nichtsahnend geht man über den Hof,

Gemeinsam nehmen Helene Weigel und Bert Brecht auf dem Planwagen der Courage an der 1.-Mai-Demonstration in Ost-Berlin teil. Beide fühlen sich mitverantwortlich für ihren Staat und engagieren sich wie wenige. Sie verschließen nicht die Augen vor Härten und Ungerechtigkeiten, aber sie halten die Missstände für ‹Kinderkrankheiten› und bejahen die ‹Übergangsdiktatur›. Die Bundesrepublik, in der wieder Nazis hohe Funktionen einnehmen, gilt ihnen als Feindesland.

da öffnet sich das Fenster und sie ruft heraus: ‹Du, komm doch mal rauf!› Schon ist man dran ...», erinnerte sich Gisela May zu Weigels 70. Geburtstag.

Am 19. März fand die erste Aufführung des BE in seinem neuen Theater statt. Benno Besson hatte schon 1953 Molières «Don Juan» in der Bearbeitung von Brecht und Bess Hauptmann inszeniert. Fast die ganze Familie Brecht war diesmal beteiligt: Tochter Barbara sowie ihr späterer Mann Ekkehard Schall standen auf der Bühne – zusammen mit Käthe Reichel.

Auch die inzwischen von Dessau geschiedene Elisabeth Hauptmann fand nun wieder einen festen Platz in Brechts Nähe. Als Dramaturgin des BE gestaltete sie zugleich mehrere Bühnenfassungen mit. Daneben betreute sie weiterhin Brechts Buchveröffentlichungen und führte die Verhandlungen mit Peter Suhrkamp, seinem Frankfurter Verleger.

Die Belegschaft war jetzt auf über zweihundert Mitarbeiter angewachsen. Die Intendantin verfügte über ein Budget von drei Millionen Mark; nur ein Sechstel kam durch Kartenverkauf herein, alles Übrige trug der Staat. So konnte man sich leisten, was an keiner anderen Bühne möglich war: Probezeiten bis zu einem Jahr und Requisiten, die Museumsstücken glichen. Die Intendantin erhielt ein Gehalt von 4500 Mark und verpflichtete sich dafür vertraglich, «alle Mittel und Wege anzuwenden, um das Theater zu einem Theater des werktätigen Volkes zu machen und ihre Mitarbeiter zur ständigen aktiven Mitarbeit an dieser großen Aufgabe anzuhalten und zu befähigen». Um dem gerecht zu werden, engagierte sie als so genannte Kaderleiterin vorsichtshalber ein Parteimitglied.

Für die Weigel war das erste Jahr im neuen Haus besonders anstrengend und hektisch. Zeit und Mühe kosteten nicht nur der Umzug, sondern auch die Vorbereitung von Gastspielen des Ensembles in Paris und Brüssel. Sie war verantwortlich, dass rechtzeitig Pässe und Visa für alle Mitreisenden vorhanden waren und das Bühnenbild, Requisiten, Kostüme sowie eine 75 Tonnen schwere Drehbühne für das «Courage»-Gastspiel im Théâtre Sarah Bernhardt nach Paris befördert wurden. Morgens gegen neun Uhr kam sie ins Büro mit einem Zettel oder einer Streichholzschachtel mit den aufnotierten Fragen und Wünschen, die ihr zu Hause eingefallen waren, antwortete auf diesen Brief, ließ einen anderen ungelesen liegen, rief Mitarbeiter herbei, vertiefte sich in ein Gespräch. Ihr Leitungsstil war unorthodox, spontan, zuweilen auch chaotisch.

Nichts war ihr zu viel. Helene Weigel wusste: wenn sie als Prinzipalin auf der Bühne stand – eine Meisterin der Schauspielkunst, die nicht nur ihr eigenes Spiel, sondern auch das der Kollegen kritisch überprüfte –, fühlte sich das Ensemble besonders herausgefordert. Jeder wollte sein Bestes geben und die Chefin auch.

Die Anstrengung lohnte sich. Während Brecht 1953/54 auf dem Spielplan keiner bundesdeutschen Bühne stand und seine Ost-Berliner «Kreidekreis»-Inszenierung sowohl dort als auch in der DDR auf Kritik stieß, erwarb das Berliner Ensemble mit seinen Gastspielen 1954/55 in Paris internationale Anerkennung. Seine Aufführungen wurden wie religiöse Erweckungsveranstaltungen gefeiert. Das Paar hatte es geschafft, Brechts Vorstellungen von einem neuen Theater zu verwirklichen und gleichzeitig inmitten der ostdeutschen Provinz die jedenfalls eigenartigste und, wie viele meinten, zugleich beste Bühne Europas aufzubauen. Die DDR-Führung, in den folgenden Jahren so unermüdlich darauf aus, Anschluss ans «Weltniveau» zu finden, musste registrieren: Das Berliner Ensemble hatte als Erstes dieses Ziel erreicht.

Zweimal Paris: Im Mai 1938 werden in Paris acht Szenen aus Brechts «Furcht und Elend des III. Reiches» uraufgeführt. Die Jüdin Helene Weigel spielt die Jüdin Judith Keith. Zwei Monate zuvor, im März 1938, sind deutsche Truppen in ihre Heimatstadt Wien einmarschiert. Die bisher so Zuversichtliche meint, an einem Tiefpunkt ihres Lebens angekommen zu sein. Ihr Vater und ihr Schwager werden zu den Opfern des Holocaust gehören.

Und nun über dreißig Jahre später: Anlässlich des hundertsten Jahrestages der Pariser Kommune, im April 1971, gastiert das Berliner Ensemble wieder einmal in Paris. Noch einmal steht die schon unheilbar kranke Prinzipalin als «Mutter» auf der Bühne. Am Ende ihres Auftritts in der Pariser Arbeitervorstadt Nanterre fallen ungezählte rote Rosen vom Bühnenhimmel, und der Jubel will kein Ende nehmen. Zurück in Berlin meint die Weigel, stolz und glücklich, dies sei die erfolgreichste Tournee gewesen.

1954, glücklich zurückgekehrt vom Gastspiel in Paris, blieben Helene Weigel und Bertolt Brecht nur noch zwei Jahre. Helli lebte im zweiten Stock des durch seine Bewohner durch Schlichtheit und Eleganz nun bestimmten Berliner Hinterhauses, umgeben von Antiquitäten, Zinn, altem Glas, Porzellan und erlesenen Biedermeiermöbeln. In den drei hohen Räumen darunter arbeitete und wohnte Brecht. Wie schon früher standen im Arbeitszimmer mehrere Tische und ein Stehpult, bedeckt mit Zeitungen, Notizen, Manuskripten, Briefen, Büchern. Den Raum schmückten so verschiedene Gegenstände wie chinesische Rollbilder, Fotos von Marx und Engels, zwei barocke Madonnenfiguren und drei Nô-Masken, geschnitzt aus dem Kernholz einer japanischen Zypresse. Durch das hohe Fenster sah man hinunter in das Gärtchen, auf einen Baum, in dem die Amseln sangen, und in die grünen Wipfel des alten Friedhofs mit dem Hegel- und dem Fichte-Grab. «Alles in diesem Zimmer schien mir eine heitere Gelassenheit auszustrahlen. Ich dachte: so, und nur so, kann man leben und arbeiten. Es war die radikale Absage an all die vollgestopften Wohnzimmer mit Schrankwänden, Sesselgarnituren und Ferienerinnerungen ... Hier war alles auf Gespräche, Besucher, Bewegung, auf gemeinsame Arbeit eingerichtet. Ich wußte damals noch nicht, wie trügerisch die Atmosphäre dieser auf Werkstatt renovierten, letzten Wohnung des Klassikers Brecht» gewesen ist. (Holger Teschke)

Im Herbst 1955 begann Brecht zu kränkeln. Er ermüdete leicht und sah grau aus, abgespannt, erschöpft. Im folgenden Frühjahr musste er sich in der Charité behandeln lassen. Eine Virusgrippe, hieß es, dann wieder: Nein, es sei ein Magenleiden. Ein Spezialist aus München diagnostizierte: «Sie haben es mit dem Herzen!» Das alte, schon in seiner Jugend entstandene Leiden! Dachte Brecht ans Sterben? Er war erst achtundfünfzig Jahre alt. Damals schrieb er eines seiner letzten Gedichte: «als ich im weissen krankenzimmer der charité/aufwachte gegen morgen zu/und eine amsel hörte, wusste ich/es besser. schon seit geraumer zeit/hatte ich keine todesfurcht mehr, da ja nichts/mir je fehlen kann, vorausgesetzt/ich selber fehle, jetzt/gelang es mir, mich zu freuen/alles amselgesanges nach mir auch.» Anfang des Jahres hatte ihn Marieluise Fleißers Besuch erfreut, und auch Lotte Lenya sah er noch einmal. Sie saßen in seinem schummrig erleuchteten Arbeitszimmer, tranken warme Milch zusammen und redeten von alten Zeiten. Zärtlich ging er auf sie zu, strich ihr über das Gesicht und bat sie flüsternd, ihm noch einmal das Lied vom Surabaya Jonny aus «Mahagonny» vorzusingen, den Song von dem ungetreuen Matrosen und seinem jungen Mädchen. Und während Lenya wie in alten Zeiten sang – «süß, hoch, leicht, gefährlich, kühl, mit dem Licht der Mondsichel», so einmal Ernst Bloch –, wischte Brecht sich die Tränen aus seinen kleinen Augen und nickte im Rhythmus des Gesangs und streckte, als wolle er dirigieren, immer wieder seinen Kopf nach vorn. Als Lenya geendet hatte, bat er sie, das Ganze noch einmal zu singen, um es auf Tonband aufzunehmen. «Dieses Gedicht», sagte er, «werde ich jetzt nie mehr vergessen. Du hast es so gesungen, wie ich es geschrieben habe.»

Nach seiner Entlassung aus der Charité verbrachte Brecht die meiste Zeit in Buckow. Dort, etwa fünfzig Kilometer von der Stadt entfernt, hatten er und Helli schon 1952 ein bebautes Sommergrundstück am Schermützelsee gepachtet. Während das große Haus am Seeufer hauptsächlich Helli, der Familie und Gesprächen mit Besuchern diente, zog der Ermattete sich in ein ihm vorbehaltenes kleineres Gärtnerhaus zurück oder lag lesend in einem Liegestuhl unter den großen alten Bäumen. Abends gegen neunzehn Uhr rief er hintereinander seine Frauen an und vielleicht noch einmal gegen dreiundzwanzig Uhr, um gute Nacht zu sagen. Seine letzte Geliebte, mit der sich Helli gut verstand, war die 1955 von Wolfgang Harich geschiedene Isot Kilian. Mit Besuchern wurde häufig über die neu entstandene politische Lage diskutiert. Im Februar 1956 hatte Chruschtschow in seiner Rede auf dem berühmten Moskauer XX. Parteitag erstmals die Verbrechen Stalins enthüllt, und jedermann auch in der DDR fragte, welche Konsequenzen daraus zu ziehen seien. Während Ulbricht sich bemühte, «Fehlerdiskussionen» zu unterdrücken und eine Entstalinisierung in der DDR verhindern wollte, ermunterte Brecht dessen Widersacher. Er kenne ein Dutzend anderer Männer, die es besser machen würden als der gegenwärtige Parteichef. Das musste als Ermunterung verstanden werden, Ulbrichts Absetzung zu betreiben. Brecht selber trug sich allerdings tief resigniert mit dem Gedanken, künftig in Italien oder in der Schweiz zu leben. «Furchtbar die Enttäuschung, wenn die Menschen erkennen oder zu erkennen glauben, ... daß das Alte stärker war als das Neue, daß die ‹Tatsachen› gegen sie und nicht für sie sind, daß ihre Zeit, die neue, noch nicht gekommen ist. Es ist dann nicht nur so schlecht wie vorher, sondern viel schlechter; denn sie haben allerhand geopfert für ihre Pläne, was ihnen jetzt fehlt, sie haben sich vorgewagt und werden jetzt überfallen, das Alte rächt sich an ihnen ...» (Brecht, Kommentar zu «Galilei»)

Ein letztes Mal flammte die verzweifelte Hoffnung auf «die Massen» wieder auf. Wie wäre es, bei einer Wiederholung solcher «Erscheinungen» die Arbeiter in den Streik zu führen? Denn: «Die Liquidierung des Stalinismus», so der manchmal so schlaue, listige und dann wieder so naive Brecht, könne «nur durch eine gigantische Mobilisierung der Weisheit der Massen durch die Partei (!) gelingen». Was für ein unsinniger Gedanke!

Auch in Buckow verbesserte sich Brechts Gesundheitszustand nicht mehr. Ende Juli 1956 schlägt Brecht Suhrkamp, seinem Verleger, vor, ein paar Wochen gemeinsam in einem Münchner Sanatorium zu kuren. Am 9. August kündigt die besorgte Helli Therese Giehse die bevorstehende Ankunft ihres Mannes in der bayrischen Hauptstadt an und bittet sie, sich nach einem

Im Herbst 1955 begann Brecht zu kränkeln. Im folgenden Frühjahr mußte er sich in der Berliner Charité behandeln lassen. Danach verbrachte er die meiste Zeit auf seinem Sommersitz in Buckow. Am 14. August 1956 starb Brecht mit achtundfünfzig Jahren in seiner Berliner Stadtwohnung an einem Herzinfarkt, und am 17. August wurde er, ohne Reden, in aller Stille, so, wie er es sich gewünscht hatte, auf dem neben seinem Haus gelegenen Dorotheenstädtischen Friedhof beigesetzt.

weiteren Fachmann für Herz- und Kreislaufprobleme umzusehen. Eine Herzklappeninfektion sei zwar behoben, dennoch sei Brecht «in einem Erschöpfungszustand, der mir unbegreiflich ist und der ihn beunruhigt, weil er ihn arbeitsunfähig macht». Doch zu der Reise kommt es nicht.

Umgeben von seiner Familie, stirbt Bertolt Brecht am 14. August 1956 in seiner Stadtwohnung an einem Herzinfarkt. Seine letzten Worte: «Laßt mich in Ruhe!» Zu Füßen seines Bettes liegt jener Teppich, der wie die klassischen japanischen Nô-Masken zu den fünf Dingen gehörte, die ihn ständig auf seiner Flucht begleitet hatten. An der Wand des Sterbezimmers das chinesische Rollbild des «Zweiflers».

Helene Weigel hielt sich an alle seine Anordnungen, die er für die Stunden und Tage unmittelbar nach seinem Tod getroffen hatte: keine öffentliche Aufbahrung, keine Reden am gewünschten Grab. Wussten die Freundinnen und Freunde, die zu seiner Beisetzung gekommen waren, dass sie wie im Leben auch im Tod ihren Platz ganz in seiner Nähe finden würden, auf dem Dorotheenstädtischen Friedhof? Gewiss haben sie es sich gewünscht: Elisabeth Hauptmann und Isot Kilian, Hanns Eisler, Erich Engel und Paul Dessau. Auf Brechts Grab unter dem großen Ahornbaum ließ Helli Gräser säen, aus allen Ländern des gemeinsamen Exils.

Zum «Staatsakt» am nächsten Tag betrat sie das Theater in der wirkungsvollen, tief gebückten Haltung der Courage. Eine seltsame Trauergemeinde hatte sich versammelt, Freunde aus Ost und West, «Ja-Sager» und «Nein-Sager». Ausgerechnet Ulbricht, einer der Hauptredner, beanspruchte das internationale Ansehen des Toten für die eigenen bösen Taten. «Es war eine absurde Feier», schrieb Hans Mayer. «Drei Augenblicke blieben haften, weil es da ehrlich zuging. Als Ernst Busch dem toten Freund die gemeinsamen Lieder nachsang... Dann als Erwin Strittmatter für die Schüler sprach und dem toten Lehrer zurief:

‹Es ist immer noch Zeit, von ihm zu lernen!› Und als der Staatsakt zu Ende kam und die Offiziellen gegangen waren. Da blieben die Mitglieder des Ensembles, alle Arbeitenden dieses Hauses, geschart um die Prinzipalin Helene Weigel.» Wie sollte es weitergehen ohne Brecht? «Wir standen da wie Waisenkinder», sagte Benno Besson später.

Wenige Tage nach der Trauerfeier brach das Ensemble zu einem Gastspiel nach London auf. So ehrte es seinen Lehrmeister auf die ihm gemäße Weise und in seinem Sinn.

IX. «MACH DAS ENSEMBLE WEITER...»

Die Witwe Weigel

Nicht einmal ein Jahrzehnt lang hatte Brecht sein «Theater des neuen Zeitalters» vorführen können, davon nur zwei Jahre in einem eigenen Haus. Nun, nach seinem Tod, bewegte die Witwe ein einziger Gedanke: Brechts Lebenswerk darf mit seinem Tod nicht enden; sie, Helene Weigel, ist dazu bestimmt, es fortzuführen – als seine Interpretin, Intendantin seines Ensembles und Verwalterin des Brecht'schen Nachlasses und Erbes.

Und dies in einer politischen Situation, die man sich komplizierter und schwieriger nicht vorstellen kann!

Im Herbst 1956 war in der Bevölkerung, besonders unter Künstlern und Intellektuellen, die Meinung weit verbreitet, die wichtigste Konsequenz aus der Abrechnung mit Stalin sei die Absetzung Walter Ulbrichts, seines willigsten Gefolgsmannes in der DDR. Gebannt blickte die neue Opposition nach Polen und nach Ungarn, wo ungleich konsequenter als in der DDR Schlussfolgerungen aus der neuen Situation gezogen und zahlreiche Reformen angekündigt wurden. Doch als am 23. Oktober in Ungarn die Revolution losbrach und von den Sowjets niedergeschlagen wurde, triumphierte Ulbricht. Unverzüglich gab er die Parole aus: «Die Intellektuellen brauchen einen Schlag ins Gesicht!» Das galt auch für Künstler. Misstrauen und Kontrolle nahmen zu.

Drei Monate nach Brechts Tod, am 28. November 1956, wird

sein enger Mitarbeiter, der Regisseur Manfred Wekwerth, von der Staatssicherheit kontaktiert. So steht es in seiner Personalakte, die die Bezirksverwaltung Groß-Berlin anlegte. Zunächst sollen der Regisseur und seine Frau ihre Wohnung zu konspirativen Zwecken zur Verfügung stellen. Später wird man Wekwerth mit dem Decknamen «Manfred» als Geheimen Mitarbeiter führen und notieren: «Er führte Maßnahmen im Interesse des MfS im Theater durch und berichtete über Vorkommnisse, sowie gab Einschätzungen über Theaterstücke und zentrale kulturpolitische Probleme.» So ein grammatisch unzulänglicher SSD-Bericht von 1962. Während die Stasi ihn im Verlauf der sechziger Jahre als «zuverlässig, ehrlich und verschwiegen» beurteilte, äußerte Wekwerth 1999 im Berliner «Tagesspiegel»: «Wenn die zu mir kamen und sagten, es gebe Unruhe unter den Schauspielern, dann habe ich sie rausgeschmissen.»

Am 29. November wird Wolfgang Harich inhaftiert, ein Bewunderer Brechts, ihm und seiner Frau seit ihrer Rückkehr eng verbunden. Wenig später holt man Brechts Verleger in der DDR, Walter Janka, ab. Zusammen mit einigen Gleichgesinnten hatten Harich und Janka die Entstalinisierung in der DDR vorantreiben wollen und erhielten dafür 1957 hohe Zuchthausstrafen.

Durch Harichs Festnahme gerät auch seine frühere Frau, die Regieassistentin Isot Kilian, ins Visier des SSD. Auch sie, Brechts letzte Geliebte und den Sicherheitsbehörden auch deshalb wichtig, weil sie «Verbindungen persönlichster Art» zu seiner Witwe unterhält, muss künftig als Zuträgerin für das MfS tätig werden. Der zuständige Bearbeiter macht gar kein Hehl daraus, dass es sich dabei um eine handfeste Erpressung handelt: «Der Umstand der Festnahme des Harich wurde als Druckmittel angewandt, in dem ihr in Aussicht gestellt wurde, dass sie durch eine gute Zusammenarbeit mit dem MfS die Lage des Harich verbessern helfen kann.»

Weit über Helene Weigels Tod hinaus, bis 1980, gelingt es Isot

Kilian nicht, sich von ihren Erpressern zu befreien. Doch bescheinigen ihr diese in geheimen Berichten, dass sie «ohne innere Überzeugung und Bereitschaft» die Zusammenarbeit betreibe und stets versuche, «möglichst wenig Menschen zu belasten». Festnahmen konnten mit Hilfe von «GI Maria» «noch keine durchgeführt werden», bedauerte der Führungsoffizier.

In was für eine schwierige, ja geradezu makabre Situation ist das «Theater des neuen Zeitalters» nach dem Tod von Brecht hineingeraten! Die Intendantin wird bespitzelt, das Ensemble von der Partei und Sicherheitsorganen verdächtigt, sich politisch «unzuverlässig» zu verhalten, sich über Harichs Festnahme zu empören, Mitarbeiter wie zum Beispiel die Schauspielerin Regine Lutz sind abgewandert nach dem Westen ...

Es gehörte eine gehörige Portion Mut dazu, in einer solchen Situation ausgerechnet den «Galilei» erstmals in der DDR zu spielen. Vor seinem Tod hatte Brecht noch mit den Proben begonnen, Erich Engel sie dann fortgeführt. Am 15. Januar 1957 hatte das Stück dann mit Ernst Busch in der Titelrolle im Theater am Schiffbauerdamm Premiere.

Kritische Bürger der DDR, die das damals miterlebten, müssen die Aufführung als Brechts künstlerischen Beitrag zur Überwindung des Stalinismus, den Konflikt des großen Physikers mit der katholischen Kirche zugleich als Gegenwartsproblem verstanden haben: Wie verhält sich der erfolgreich nach Erkenntnis strebende Intellektuelle gegenüber einer autoritären Macht, die ihre Herrschaft durch ihn bedroht zu sehen meint? Und bis heute fragen sich Menschen, gebannt auf seinen Galilei blickend, wie es Brecht, diesem Propheten eines «Neuen Zeitalters», möglich war, zugleich das Wesen des Totalitarismus und seine Auswirkungen auf das Individuum so hellsichtig zu erkennen und so überzeugend zu gestalten.

Hartnäckig auf ihre Rechte pochend, ohne Illusionen, streitbar und auch listig nahm Helene Weigel neben der Theaterarbeit die Auseinandersetzung mit den Institutionen um den Besitz, die Ordnung und Verwaltung des Brecht-Nachlasses auf. Das Archiv mit seinem Millionenwert, auf das die Ost-Berliner Akademie der Künste hoffte, wenigstens auf einen Teil, beanspruchte die Witwe; der Staat ging leer aus. Auch Vorstellungen in Ost-Berlin, die Urheberrechte eines Tages als «nationales Eigentum» einzukassieren, scheiterten am Widerstand der Erben. Mit dem weitsichtigen Anspruch auf das alleinige Erbe und die Verantwortung für seine Aufbewahrung, natürlich auch im ganz eigenen, persönlichen Interesse, verhinderte die Witwe zugleich die Verfälschung und Verstümmelung des Brecht'schen Werkes durch die DDR-Zensur und schuf für sich selbst wie für den Frankfurter Suhrkamp Verlag zugleich die Möglichkeit, Druck auf jene auszuüben, die die DDR-Ausgaben des Werks betreuten. Hauptsächlich Helene Weigel ist auch zu verdanken, dass Brechts Tagebücher mit all den kritischen Bemerkungen über die Politik in Moskau und in Ost-Berlin unter dem Titel «Arbeitsjournal» ungekürzt, ohne Einschränkungen nach ihrem Tod in der DDR erschienen. Wer außer ihr hätte das geschafft!

Schließlich erwarb sie sich unschätzbare Verdienste in der Betreuung des umfangreichen Nachlasses. Kein Versuch galt ihr zu aussichtslos, keine Ausgabe war ihr zu teuer – energisch trieb sie die Sucharbeit voran: Aus allen Teilen der Welt wurden Briefe und Manuskripte, die im Besitz von Freunden und Kollegen waren, herangeschafft und archiviert, sodann Auslandsausgaben, Sekundärliteratur, Zeitschriften, aber auch Plakate, Schallplatten und Programmhefte. Allerdings, die Weigel'sche Rigorosität im Umgang mit dem Erbe bekamen auch alte Freunde Brechts zu spüren. Veröffentlichungen, die ihr nicht ins Zeitkonzept oder Klassikerbild zu passen schienen, wusste die Witwe zu verhindern. Arnolt Bronnens Erinnerungen an Brecht konnten zu seinen Lebzeiten in der DDR nicht erscheinen. Als Antwort auf das Grass-Stück «Die Plebejer proben den Aufstand» über Brechts

Am 12. Mai 1960 wird Helene Weigel sechzig Jahre alt. Aus Ost und West reisen Freunde und Verehrer an, um sie zu feiern. Aus Frankfurt am Main kommt der Brecht-Verleger Siegfried Unseld nach Berlin. Mit dem weitsichtigen Anspruch auf das alleinige Erbe und den Verbleib aller Rechte in seinem westdeutschen Verlag verhinderte die Witwe die Verfälschung und Verstümmelung des Brecht'schen Werkes durch die DDR-Zensur und schuf für sich selbst und den Frankfurter Suhrkamp Verlag zugleich die Möglichkeit, Druck auf jene auszuüben, die die DDR-Ausgaben des Werks betreuten.

Verhalten am 17. Juni ließ Helene Weigel alle Brecht-Stücke für das West-Berliner Schiller-Theater des Intendanten Boleslaw Barlog vorübergehend sperren.

Angesichts solcher und anderer selbstherrlicher Verfügungen erinnerte die Hamburger «Welt» an Cosima Wagner sowie an Nietzsches «Witwe» Elisabeth Förster, seine Schwester, und apostrophierte die Weigel als neuestes Beispiel einer Witwe, die Geistesgeschichte schreiben wollte, dabei aber den Nachruhm ihres Mannes zu verdunkeln oder in ein fragwürdiges Licht zu rücken schien.

Energisch setzte die Witwe sich auch über Wünsche ihres Mannes hinweg, wie sein Erbe unter jenen zu verteilen sei, die ihm nahe standen. 1955 hatte Brecht testamentarische Verfügungen getroffen, in denen er neben seiner Familie unter anderen Elisabeth Hauptmann und Ruth Berlau, Isot Kilian und Käthe Reichel Anteile an den Einnahmen seiner Stücke zugesprochen hatte. Seine Witwe focht erfolgreich diesen letzten Willen an und fand die ursprünglich Bedachten mit verhältnismäßig kleinen Summen ab – ausgenommen Elisabeth Hauptmann, für die Suhrkamp Gerechtigkeit durchsetzte.

Am schwersten traf es Ruth Berlau. Durch die Initiative Hauptmanns und Kilians gelang es zwar im letzten Augenblick, ihr ein noch im Sommer 1956 von Brecht zugesprochenes Haus in Dänemark zu sichern. Aber im Berliner Ensemble erhielt sie Kündigung und Hausverbot. Weigel setzte ihr eine kleine Rente aus. Ruth, so ihr Biograph Hans Bunge, geriet in eine «erbarmungswürdige Situation».

Aber hatte Helene Weigel sich nicht vorgenommen, ganz im Sinne des Verstorbenen zu handeln, allein das zu tun, was er ihr aufgetragen hatte? Was hielt sie davon ab, wenn es um den Erbanteil von anderen ging?

Kleinlichkeit, Engherzigkeit, gar Geiz? Man muss kein erfahrener Graphologe sein, um aus Weigels Handschrift, den großen

Buchstaben, der Aufteilung des Bogens vor allem eins herauszulesen: Großzügigkeit. Nein, Geiz kann es nicht gewesen sein, was sie jetzt trieb. Ungleich näher liegt ein anderer Gedanke: Ihre Nachsicht und die erzwungene Toleranz gegenüber Brechts Geliebten waren aufgebraucht; Helene Weigel wollte nicht noch über seinen Tod hinaus andere «Witwen» dulden und mit ihnen das Erbe teilen. Es stand alleine ihr sowie den Kindern zu! Es gibt keinen überzeugenderen Beweis als diese Hartherzigkeit, wie sehr Helene Weigel unter den Liebschaften Brechts gelitten hat, wie oft sie nur widerwillig zurückgesteckt und nachgegeben hat, wie gekränkt und wie verzweifelt sie oft war.

Die Witwe Weigel stürzt auch Freunde und Verehrer in Wechselbäder der Gefühle, erheischt Mitleid und Verstimmung, Unverständnis, Anerkennung und Bewunderung zugleich. Wer hat sich 1949, als sie in die DDR kam, vorstellen können, welches Maß an politischer Unabhängigkeit diese dem Charakter nach so parteiliche Persönlichkeit, diese überzeugte Kommunistin am Ende ihres Lebens gewinnen würde!

Zeitzeugen, nicht zuletzt Informanten der Staatssicherheit, diese wider Willen, haben eindrucksvolle Beispiele für Einspruch und Protest der Intendantin hinterlassen. 1956: Empört reagiert Helene Weigel auf die Verhaftung Wolfgang Harichs und macht auch im Ensemble daraus keinen Hehl. Von Frau Kilian über die Inhaftierung informiert, ruft die Witwe Walter Janka zu sich und erklärt ihm: «Diese Schweinerei mit Harich ist ein Rückfall in die schlimmste Zeit. Man darf sie nicht widerstandslos hinnehmen.» Jetzt müssten die Mitarbeiter des Aufbau-Verlages streiken. Sie selbst bittet um einen schnellen Termin bei Grotewohl, dem Ministerpräsidenten, um ihn «persönlich für den Fall zu interessieren», und wendet sich protestierend an den Kultusminister Becher. Nachdem die SED-Zeitung «Neues Deutschland gemeldet hatte», ein Dr. Wolfgang Harich und einige andere seien als «staatsfeindliche Gruppe» verhaftet worden, die den Kapitalismus restaurieren wollte, wendet sie sich mit ihrem Protest direkt an Ulbricht und spricht von «Diffamierung vieler unserer Intellektuellen», die bei ihren Mitarbeitern «wirklichen Ekel» ausgelöst habe. Nichts fruchtet. Harich, später auch Janka, werden wegen «Staatsverrats» angeklagt. Zusammen mit Anna Seghers wird Helene Weigel zu den Verhandlungen eingeladen. Unter Gleichgesinnten missbilligen sie den Urteilsspruch.

Eine Leipziger Studentin und Hospitantin am Berliner Ensemble, die von der Staatssicherheit als IM verpflichtet werden sollte und deshalb nach West-Berlin geflohen war, ließ Helene Weigel bitten, in die DDR zurückzukehren, um gerichtlich zu beweisen, dass man sich gegen den Staatssicherheitsdienst wehren könne. Sie, die Weigel, wolle alle Kosten des Prozesses tragen. Das war nobel, mutig und naiv. Eine öffentliche Anklage dieser Art war in der DDR nicht möglich. Die junge Frau ging auf das Angebot nicht ein.

1961, einige Wochen nach dem Mauerbau, musste Isot Kilian ihren Befragern von der Stasi zugestehen, dass sowohl die Intendantin als auch andere «schwankende Personen» im Theater mit der Politik der SED nicht einverstanden seien und Frau Weigel eine «kleinbürgerliche Atmosphäre» im Ensemble dulde.

Zu eben dieser Zeit wurde der Dramatiker Heiner Müller, Brechts eigentlicher Nachfolger in Ost-Berlin, wegen seines nicht parteikonformen Stückes «Die Umsiedlerin» aus dem Schriftstellerverband ausgeschlossen und musste fürchten, nicht mehr in der DDR gespielt zu werden: seine Stücke wurden von den Spielplänen abgesetzt. Sofort nahm sich die Weigel Müllers an und entschied, hier helfe nur noch List. Sie setzte ihn in Brechts Turmzimmer und befahl, er solle mit ihrer Hilfe eine handfeste Selbstkritik verfassen. Der Beschuldigte versuchte es. Nein, so nicht! «Du darfst nichts erklären, nichts entschuldigen. Du bist schuld, sonst hat es gar keinen Zweck.» Immer wieder korrigierte sie die vorgelegten Seiten und erklärte in der besten

Absicht, dem begabten Jungen zu helfen: «Bub, das muß raus!» Aber auch diese gut gemeinte Hilfe blieb erfolglos: Müllers Selbstkritik galt immer noch als unzureichend.

Ab 1965 bis zu Helene Weigels Tod vergeht kein Jahr ohne politische Vorwürfe gegen sie. Einmal beschwert sich die Kaderleiterin des BE beim SSD, niemand im Theater interessiere sich auch nur im Geringsten für die SED. Der Leiter eines Sonderwahllokals in Berlin-Mitte meldet hell empört, dass Frau Weigel bei den Volkskammerwahlen nicht wie üblich offen ihre Stimme abgegeben, sondern im Beisein zahlreicher anderer Bürger demonstrativ in einer Wahlkabine verschwunden sei. Und dies für etwa drei Minuten! Ein «unbegreifliches Verhalten». 1968 macht Helene Weigel aus ihrer Kritik am Einmarsch der Warschauer-Pakt-Staaten in die Tschechoslowakei kein Hehl, jedenfalls im Kreis der Mitarbeiter. Sie kritisiert auch Urteile gegen Jugendliche, die sich öffentlich gegen den Einmarsch ausgesprochen haben. So berichtet Manfred Wekwerth einem Mitglied des Politbüros. Dann wieder beschwert sich die Zollbehörde bei der Stasi, die Intendantin des Berliner Ensembles führe umfangreiche «Sperr- und besonders Porno-Literatur» aus dem Westen ein und unterlaufe ständig, auch für ihre Mitarbeiter, Zollbestimmungen der DDR. Schließlich kommen die Männer der Staatssicherheit zu dem Schluss, diese Frau beziehe keinen «klaren politischen Standpunkt» und könne nicht als politisch zuverlässig gelten. Zu dem gleichen Urteil wären sie zu jener Zeit gewiss auch über Brecht gekommen. Zwanzig Jahre DDR-Wirklichkeit hatten Helene Weigels Illusionen über den «real existierenden Sozialismus» schwinden lassen. Sie leitete das Theater nun «mit einer inneren und einer äußeren Einstellung». Jemand gab auch dies Bekenntnis weiter an den SSD.

Je älter sie wird, umso einsamer wird es um die Prinzipalin. Die alten Freundinnen, Maria Lazar und die geliebte Karin Michaelis, sind längst tot. Halt bietet die Familie, die Tochter und der Schwiegersohn mit den beiden kleinen Töchtern, schließlich Steff, der im Sommer aus Amerika auf Besuch nach Buckow kommt.

Während andere in ihrem Alter in die wohlverdiente Rente gehen, gönnt sich die Intendantin nur Atempausen, ab und an ein bisschen Ruhe. Eine Kreislaufstörung behindert sie vorübergehend beim Laufen. Nachmittags legt sie sich, die Beine hoch, zu Hause in ihr Bett, umgeben von Büchern, Manuskripten, Zeitungen. Im Rücken hängt der nicht aufgesteckte grau gesträhnte Zopf. So empfängt sie auch Besucher, lässt Gebäck und Tee servieren, häkelt eine Jacke für die Enkelin und blickt ihr Gegenüber an mit abgespannten Zügen und wachen Augen, aufgeschlossen, hilfsbereit und *uffn Kien*.

Im Sommer fährt sie an den Wochenenden oft nach Buckow und geht dort möglichst gleich mal «in die Pilze». Ist die Ausbeute größer als erwartet, entledigt sie sich auch schon mal kurz entschlossen ihres Unterrocks, knotet ihn zusammen und schleppt so das Waldgemüse ab. Im Garten sprengt sie Rosen, setzt sich lesend in die Sonne oder zieht schwimmend ihre Runden im Schermützelsee. Kreuzworträtsel lösen und Patience legen, das entspannt. Das Theater ist wenigstens für ein paar Stunden vergessen und der Ärger auch.

Am letzten Tag seines Lebens hatte Brecht zu seiner Frau gesagt: «Mach das Ensemble weiter, solange du glaubst, daß das Ensemble das Ensemble ist.» Aber ohne ihn war alles schwerer als zuvor.

Allerdings, zunächst schien alles so weiterzugehen wie zu Lebzeiten Bert Brechts. Seine «jungen Leute», das war der Prinzipalin klar, brannten darauf, alles, was sie bei ihrem Meister gelernt hatten, nun ihrerseits bühnenwirksam umzusetzen. Mit eindrucksvollen Aufführungen wie «Der gute Mensch von Sezuan», «Arturo Ui» und «Coriolan» wirkten Benno Besson, Peter Palitzsch, Manfred Wekwerth und Joachim Tenschert kräftig in die internationale Theaterwelt hinein.

Aber im Verlauf der sechziger Jahre verließ einer nach dem anderen der begabtesten Schauspieler, Regisseure und Dramaturgen das Ensemble. 1969 kündigte schließlich Wekwerth, und im Februar 1970 erklärte Isot Kilian, dass auch sie nicht länger bleiben wolle. Die Intendantin fühlte sich allein gelassen und misstraute nun auch jenen, denen sie vertrauen konnte.

Zunächst drang von dem Konflikt kaum etwas nach draußen. Die Kritiker warfen ihrer Intendantin vor, sich auf Brecht berufend, zu häufig in die Inszenierungen einzugreifen und dabei auch nicht vor Überrumpelung und Tricks zurückzuschrecken. Zum Beispiel ließ sie heimlich ein nach ihrer Ansicht passenderes und schöneres Kostüm anfertigen, mit dem sie auf der Generalprobe das Regieteam überraschte.

Vor allem wurde der Intendantin vorgeworfen, mit ihrer angeblich authentischen Interpretation des Brecht'schen Werkes zu starrsinnig zu sein. Sie versuchte das, was Brecht als Provokation verstanden habe, als klassische Form zu konservieren. Friedrich Dieckmann spricht von einer «falschen Behaglichkeit», die sich im Berliner Ensemble ausgebreitet habe.

Hatte die Weigel denn nicht Recht? War der unbequeme Brecht nicht längst zum Klassiker geworden, dessen «klassisches Erbe» ihr anvertraut und in Modellbüchern seiner Inszenierungen überliefert worden war! Aber auch Klassiker werden neuen Wahrheiten, neuen, von der veränderten Zeit inspirierten Interpretationen und Experimenten ausgesetzt. Es war ihre Treue, weit über Brechts Tod hinaus, die die Selbstüberschätzung auslöste und den Konflikt heraufbeschwor.

Auch Kritiker aus dem Westen fürchteten nun, das Theater am

Schiffbauerdamm werde womöglich zu einem Museumstempel mit einer Staubschicht nicht nur auf den Titanen, Göttinnen und Engeln.

Während 1969 Weigels fünfzigjähriges Bühnen- und ihr zwanzigjähriges Intendantinnenjubiläum gefeiert wurde, spitzte sich die Krise zu, herbeigeführt durch eine seltsame, nicht einmal allen Beteiligten bewusste Allianz von Kritikern und Gegnern. Innerhalb des Ensembles bildeten sich rivalisierende Gruppen. Die Weigel, jüngeren Mitarbeitern gegenüber stets auf Distanz bedacht, bekam nun selbst Distanz zu spüren. Immer lauter wurde der Ruf nach einem Neubeginn. Isot Kilian beklagte sich bei einem Stasi-Offizier über «Machenschaften», «selbstherrliche Entscheidungen» und Intentionen der Intendantin, ein «Familientheater» zu begründen mit dem eigenen Clan als Hauptdarstellern. Von irgendwelcher Rücksichtnahme auf die einst so Vertraute und ihr Vertrauende war nichts mehr zu spüren. Frau Kilian beschuldigte ihre bisherige Chefin, einen Beitrag des Theaters zu Ehren Lenins abgelehnt zu haben und die «Interessen der sozialistischen Kulturpolitik» zu durchkreuzen.

Ähnliche Vorwürfe erhoben Manfred Wekwerth und die Kunstpäpste der SED. Ihnen missfiel, dass die Intendantin das, was sie für richtig hielt, auch ohne den Segen der Partei voranzutreiben versuchte. Der Ost-Berliner Magistrat erhob Einspruch gegen die Spielplanpolitik? Die Parteileitung des Theaters hatte einen Beschluss gefasst? Darum scherte sich Helene Weigel nicht.

Im Oktober 1969 berieten SED-Spitzenfunktionäre, wie man die Widerspenstige zum Verzicht auf ihr Amt bewegen könne. Doch war niemand ernsthaft überzeugt, dass das gelingen würde. Das Ministerium für Staatssicherheit berichtete, Frau Weigel habe gegenüber Mitarbeitern zu verstehen gegeben, sie bleibe dem Theater bis zu ihrem neunzigsten Lebensjahr erhalten, allerdings wenn nötig, werde sie die Koffer packen und nach Österreich gehen.

Helene Weigel in ihrem letzten Lebensjahrzehnt. Vierzig Jahre sind vergangen, seitdem sich der Dichter und die Schauspielerin begegnet sind. In schweren Zeiten hat sie inmittten des Unverlässlichen Verlässlichkeit verkörpert, Geborgenheit vermittelt und aus Liebe viel ertragen: die Interpretin des Brecht'schen Bühnenwerkes, *die* Intendantin seines Theaters und Genossin seines Lebens. Nicht nur ihre Kunst wird unvergessen bleiben, sondern auch ihre Zuversicht und Lebenskraft, ihre Leidenschaft und Güte.

Das musste unbedingt vermieden werden! Bloß keinen Skandal! Der Gegner würde triumphieren. Schließlich besaß allein die Weigel alle Rechte an Brechts Werken, entschied sie allein, wer was wo spielen durfte! Man stelle sich vor, die Witwe hätte dem Ensemble das Recht entzogen, Brecht zu spielen!

Doch was die Herren unbedingt verhindern wollen, tritt dennoch ein: Der Konflikt wird öffentlich bekannt. «Tritt Helene Weigel zurück?», titeln bundesdeutsche Blätter. Besorgt fragt Marta Feuchtwanger aus Kalifornien an, was von den Gerüchten wohl zu halten sei. «Das sind Lügengerüchte», antwortet ihr Helli, «ich denke nicht daran, meine Arbeit aufzugeben.» Der Tod nimmt sie ihr aus der Hand.

Im Januar 1971 teilt der Arzt der Tochter mit, dass Helene Weigel unheilbar an Krebs erkrankt sei, auch eine Operation könne sie nicht retten. Barbara Brecht-Schall verschweigt der Mutter ihren Zustand. Obgleich schwer krank, bereitet diese sich energisch darauf vor, anlässlich des hundertsten Jahrestages der Pariser Kommune noch einmal mit dem Ensemble in Frankreich zu gastieren. Ein letztes Mal spielt sie dort mit Freundlichkeit und Wärme die Mutter, sehr einfach, alles Pathetische vermeidend. Menschen, die sie schon früher als Pelagea Wlassowa auf der Bühne gesehen haben, begreifen, wie die Weigel mit dieser Rolle verschmolzen, endlich die Rollenfigur selbst geworden ist. Weder ihre Haltung noch ihre Sprechweise haben sich grundlegend geändert. Noch immer bestimmt mädchenhaft Zartes neben Herbem den Gesichtsausdruck. Die Siebzigjährige gleicht der Dreißigjährigen damals in Berlin. Am Ende ihres letzten Auftritts in der Pariser Arbeitervorstadt Nanterre fallen vom Bühnenhimmel ungezählte rote Rosen, und der Jubel will kein Ende nehmen.

Zurück in Berlin, meint die alte Dame, dies sei die erfolgreichste Tournee des Berliner Ensembles gewesen, und ist sehr stolz darauf. Doch war sie schon zu schwach, um sich noch einmal ins Theater aufzumachen. Nach wenigen Tagen musste sie ins Krankenhaus. Am 6. Mai 1971 ist Helene Weigel gestorben.

Wenige Tage später, an ihrem 71. Geburtstag, versammeln sich zahlreiche Schauspieler, Theaterleute aus aller Welt und natürlich auch die Repräsentanten des Staates, der Partei zur Trauerfeier. Vom Band erklingt noch einmal Helene Weigels raue Stimme, sie singt aus der «Courage». Ekkehard Schall, Star des Ensembles und ihr Schwiegersohn, trägt zwei Brecht-Gedichte vor. Ernst Busch singt. Reden werden gehalten.

Vor dem Theater am Schiffbauerdamm haben sich derweil zahlreiche Mitarbeiter der Staatssicherheit «zur territorialen Sicherung der Trauerfeierlichkeiten» eingefunden. Sie sind damit beschäftigt, die Typen und Kennzeichen jener Wagen zu notieren, mit denen die Trauergäste gekommen sind, und diese beim Verlassen des Hauses auch aufs Bild zu bannen. Später werden ihre Vorgesetzten bei den Behörden zu erfahren suchen, welcher Wagen wem gehörte. Es wird nach «politisch undurchsichtigen Personen» geforscht, «die sich als sogenannte Brecht-Experten» tarnen.

Gegen Mittag dieses 12. Mai zieht ein langer Trauerzug vom Theater zum lichtüberfluteten und von Vogelgezwitscher erfüllten Friedhof der Dorotheenstädtischen Gemeinde. Die Tote hatte sich gewünscht, zu Füßen Brechts begraben zu werden. Nun wird sie, wie es ihr gebührt, neben ihm bestattet.

Literatur

I. Bertolt Brecht, Werke

Arbeitsjournal 1938–1942, 1942–1955, Anmerkungen, 3 Bde., hg. von Werner Hecht, Frankfurt/Main 1973

Aus einem Lesebuch für Städtebewohner. Mit einem Text von Holger Teschke, Berlin 1998

Der Schnaps ist in die Toiletten geflossen. Berlin 1924–1933, TB, Frankfurt/Main 1994

Unterm dänischen Strohdach. Skandinavien 1933–1941, TB, Frankfurt/Main 1994

Broadway-the hard way. USA 1941–1947, TB, Frankfurt/Main 1994

Hundert Gedichte. 1918–1950, Berlin 1958

Große kommentierte Berliner und Frankfurter Ausgabe, Journale I, Frankfurt/Main 1994

Briefe, hg. und kommentiert von Günter Glaser, Frankfurt/Main 1981

Theaterarbeit – Chur–Zürich–Bern 1947–1956, TB, Frankfurt/M. 1994

II. Über Bertolt Brecht und Helene Weigel

Anzenberger, Norbert, Helene Weigel. Ein Künstlerleben im Schatten Brechts, Egeldsbach 1998

Benjamin, Walter, Versuche über Brecht, hg. von Rolf Tiedemann, Frankfurt/Main 1966

Bienert, Michael, Mit Brecht durch Berlin, TB, Frankfurt / M. 1998

Bronnen, Arnolt, Tage mit Bertolt Brecht. Geschichte einer unvollendeten Freundschaft, TB, München 1998

Eisler, Hanns, Fragen Sie mehr über Brecht. Gespräche mit Hans Bunge, Darmstadt 1986

Fuegi, John, Brecht & Co. Biographie, Hamburg 1997

Hayman, Ronald, Bertolt Brecht. Der unbequeme Klassiker, München 1985

Hecht, Werner, Brecht-Chronik, 1898–1956, 2. Aufl., Frankfurt / Main 1997

Hecht, Werner und Tenschert, Joachim (Hg.), Helene Weigel zum 70. Geburtstag, Berlin 1970

Hecht, Werner und Unseld, Siegfried, Helene Weigel zu ehren, Frankfurt / Main 1970

Karasek, Helmuth, Bertolt Brecht. Vom Bürgerschreck zum Klassiker, Hamburg 1995

Kebir, Sabine, Ein akzeptabler Mann? Brecht und die Frauen, TB, 2. Aufl., Berlin 1998

Kesting, Marianne, Brecht, TB, Reinbek 1998

Lang, Joachim und Hillesheim, Jürgen, «Denken heißt verändern». Erinnerungen an Brecht, Augsburg 1998

Lattmann, Dieter, Kennen Sie Brecht?. Stationen seines Lebens, TB, Stuttgart 1988

Lyon, James K., Bertolt Brecht in America, Princeton 1980

Mayer, Hans, Erinnerung an Brecht, TB, Frankfurt / Main 1998

Mittenzwei, Werner, Das Leben des Bertolt Brecht oder Der Umgang mit den Welträtseln, Biographie 2 Bde., TB, Berlin 1997

Reich-Ranicki, Marcel, Ungeheuer oben. Über Bertolt Brecht. Berlin 1996

Reich, Bernhard, Im Wettlauf mit der Zeit, Berlin 1970

Völker, Klaus, Bertolt Brecht. Eine Biographie, München 1976

Ders., Brecht-Chronik, TB, München 1997

Wirsing, Sibylle, «Eine proletarische Bühnenfrau. Helene Weigel und das Brechttheater», in: May, Ursula (Hg.), Theaterfrauen. Fünfzehn Porträts, TB, Frankfurt/Main 1998

III. Über den Freundeskreis

Bunge, Hans (Hg.), Brecht's Lai Tu. Erinnerungen und Notate von Ruth Berlau, Darmstadt 1985

El-Akramy, Ursula, Transit Moskau. Margarete Steffin und Maria Osten, Hamburg 1998

Gaehme, Tita, Dem Traum folgen. Das Leben der Schauspielerin Carola Neher und ihre Liebe zu Klabund, Köln 1996

Geschonneck, Erwin, Meine unruhigen Jahre. Lebenserinnerungen, TB, 4. Aufl., Berlin 1997

Gumprecht, Holger, «New Weimar unter Palmen». Deutsche Schriftsteller im Exil in Los Angeles, TB, Berlin 1998

Jaretzky, Reinhold, Lion Feuchtwanger, TB, Reinbek 1984

Kähler, Hermann, Berlin – Asphalt und Licht, Berlin 1986

Kebir, Sabine, Ich fragte nicht nach meinem Anteil. Elisabeth Hauptmanns Arbeit mit Bertolt Brecht, Berlin 1997

Kortner, Fritz, Aller Tage Abend, München 1959

Schütze, Peter, Fritz Kortner, TB, Reinbek 1994

Spoto, Donald, Die Seeräuber-Jenny. Das bewegte Leben der Lotte Lenya, TB, München 1993

Stephan, Alexander, Im Visier des FBI. Deutsche Exilschriftsteller in den Akten amerikanischer Geheimdienste, Stuttgart 1995

Sternburg, Wilhelm von, Lion Feuchtwanger. Ein deutsches Schriftstellerleben, Berlin 1994

Witte, Bernd, Walter Benjamin, TB, Reinbek 1985

Zeittafel

1898 Am 10. Februar wird Eugen Berthold Brecht in Augsburg als Sohn des kaufmännischen Angestellten Berthold Friedrich Brecht und seiner Ehefrau Sophie geboren. Später steigt der Vater zum Kaufmännischen Direktor seiner Firma, der Haindlschen Papierfabrik, auf.

1900 Am 12. Mai wird Helene Weigel als Tochter des Prokuristen Siegfried Weigl und seiner Ehefrau Leopoldine, Inhaberin eines Spielwarengeschäfts, in Wien geboren.

1919 Helene Weigel, die das Lyceum ohne Abschluss verlassen hat, um gegen den Willen ihrer Eltern Schauspielerin zu werden, kommt nach kurzen Engagements an kleineren Bühnen ans Neue Theater und ab 1921 ans Schauspielhaus in Frankfurt / Main. Sie spielt dort u. a. die Marie in Büchners «Woyzeck» (1919) und die Pauline Piperkarcka in Hauptmanns «Ratten» (1921).
Am 30. Juli wird Frank, der gemeinsame Sohn von Bert Brecht und Paula Banholzer, geboren. Er fällt 1943 als deutscher Soldat an der Ostfront.

1922 Leopold Jessner holt Helene Weigel ans Berliner Schauspielhaus. Im Oktober begegnen sich erstmals Brecht–Weigel, und zwar während der Inszenierung von Brechts «Trommeln in der Nacht» im Deutschen Theater.
Am 3. November heiratet Brecht die Mezzosopranistin Marianne Zoff.

1923 Am 12. März wird ihre gemeinsame Tochter Hanne geboren.
Im August lernen sich Brecht–Weigel durch die Vermittlung von
Arnolt Bronnen näher kennen.
Helene Weigel spielt weiter an verschiedenen Berliner Bühnen,
1924/25 am Deutschen Theater.

1924 Anfang September siedelt Brecht nach Berlin über.
Am 3. November wird der gemeinsame Sohn Stefan Sebastian,
genannt Steff, geboren.
Ebenfalls im November lernt Brecht Elisabeth Hauptmann kennen, die seine ständige Mitarbeiterin wird.

1926 Brecht wendet sich dem Marxismus zu.

1927 Am 22. November werden Brecht und Marianne Zoff geschie-
den.

1928 Im Januar spielt Helene Weigel in der Berliner Volksbühne zum
ersten Mal eine größere Rolle in einem Brechtstück, und zwar
die Witwe Leokadja Begbick in «Mann ist Mann». Die männliche Hauptrolle, den Galy Gay, hat der Regisseur Erich Engel
mit Heinrich George besetzt.
Am 31. August wird Brechts «Dreigroschenoper» im Theater
am Schiffbauerdamm uraufgeführt.

1929 Am 4. Januar, in der Premiere des «Ödipus» von Sophokles mit
Fritz Kortner, Walter Frank, Veit Harlan, Lotte Lenya u. a. (Re-
gie: Leopold Jessner), spielt Helene Weigel die Magd. Ihre Rol-
lenauffassung ist stark beeinflusst von den privaten Proben mit
Brecht.
Am 10. April heiraten Brecht–Weigel.

1930 Am 28. Oktober wird Barbara, die gemeinsame Tochter, geboren.
Im Dezember, in der Berliner Uraufführung der «Maßnahme»
von Brecht, spielt Helene Weigel zusammen mit Ernst Busch,
Alexander Granach und A. M. Topitz einen der vier Agitatoren.

1932 Am 17. Januar findet die Uraufführung der «Mutter» statt. In den
Hauptrollen Helene Weigel und Ernst Busch.
Während der Proben hatte Brecht Margarete Steffin kennen
gelernt, die die Rolle des Dienstmädchens spielt.

215

1933 Am 28. Februar, dem Tag nach dem Reichstagsbrand, fliehen die Brechts nach Prag. Über Wien und die Schweiz kommen sie im Juni auf Einladung der dänischen Schriftstellerin Karin Michaelis nach Thurö. Im August kaufen sie ein Haus in Skovsbostrand bei Svendborg auf der dänischen Insel Fünen. Im Dezember holt Brecht auch Margarete Steffin von Paris nach Dänemark und bringt sie zunächst in Kopenhagen, im Haus der Schauspielerin Ruth Berlau, unter, die er inzwischen kennen gelernt hat. Später zieht Margarete Steffin als Brechts Mitarbeiterin nach Skovsbostrand.

1937 Am 16. Oktober führt eine Gruppe deutscher Emigranten erstmals Brechts «Die Gewehre der Frau Carrar» in Paris auf. Die weibliche Hauptrolle spielt Helene Weigel.

1938 Mit der gleichen Gruppe spielt sie im Mai ebenfalls in Paris Szenen aus Brechts «Furcht und Elend des Dritten Reiches».

1939 Im April flieht die Familie weiter nach Schweden.

1940 Ein Jahr später zieht sie nach Finnland. Im Mai folgt Ruth Berlau Brecht ins Exil.

1941 Über Moskau–Wladiwostok erreichen die Flüchtlinge kurz nach dem deutschen Überfall auf die Sowjetunion Santa Monica / Kalifornien. Dort erleben sie das Ende des Zweiten Weltkrieges und der Hitlerherrschaft.
Am 4. Juni stirbt Margarete Steffin in einem Moskauer Krankenhaus.

1947 Im November kehrt die Familie nach Europa zurück. Der Sohn Stefan bleibt in den USA. Brecht–Weigel beschließen, sich vorerst in Zürich niederzulassen.

1948 Am 15. Februar steht Helene Weigel erstmals wieder auf einer deutschsprachigen Bühne. Im Stadttheater Chur spielt sie die Antigone des Sophokles in der Bearbeitung von Brecht.
Am 22. Oktober kehren Brecht–Weigel nach Ost-Berlin zurück. Bald darauf folgt ihnen aus Zürich Ruth Berlau, die die längste Zeit des Exils in New York verbracht hat.

1949 11. Januar: Premiere von Brechts «Mutter Courage und ihre

Kinder» im Deutschen Theater mit Helene Weigel in der weiblichen Hauptrolle, Angelica Hurwicz, Paul Bildt, Werner Hinz u. a.

Das Berliner Ensemble entsteht. Helene Weigel übernimmt die Intendanz, Bert Brecht die künstlerische Leitung. In zahlreichen Stücken führt er Regie, während seine Frau auch immer wieder als Schauspielerin auf der Bühne steht.

Am 12. November eröffnet das Berliner Ensemble seine erste Spielzeit im Deutschen Theater mit «Herr Puntila und sein Knecht Matti» in der Inszenierung von Bert Brecht und Erich Engel.

Am 15. Februar war Elisabeth Hauptmann aus der amerikanischen Emigration nach Berlin zurückgekehrt.

1952 Im Februar pachten die Brechts ein Grundstück mit zwei Häusern als Sommersitz in Buckow am Schermützelsee.

1954 Im März zieht das Berliner Ensemble in ein eigenes Haus, das Theater am Schiffbauerdamm.

Am 21. Dezember wird Brecht in Moskau mit dem Internationalen Stalin-Friedenspreis ausgezeichnet.

1956 Am 14. August stirbt Bertolt Brecht in Berlin.

Helene Weigel leitet weiter das Berliner Ensemble und veranlasst den Aufbau des Bertolt-Brecht-Archivs.

1967 Im Frankfurter Suhrkamp Verlag erscheint die zwanzigbändige Brecht-Werkausgabe.

1971 Anlässlich des 100. Jahrestages der Pariser Kommune gastiert das Berliner Ensemble in Paris. Helene Weigel spielt noch einmal die Pelagea Wlassowa in Brechts «Die Mutter».

Am 6. Mai stirbt sie in Berlin.

Dank

Für Hilfe bei der Materialbeschaffung, für Hinweise und Ratschläge sowie die redaktionelle Überarbeitung des Manuskripts danke ich herzlich Jutta Bohnke, Barbara Brecht-Schall, Marianne Brün, Werner Hecht, Beate Pinkerneil, Hermi Steckel, Holger Teschke, Hans Viertel, Anke Westphal, Erdmut Wizisla und dem Bertolt-Brecht-Archiv, dem Institut für Zeitungsforschung in Dortmund, Mitarbeitern des Bundesbeauftragten für die Unterlagen des Staatssicherheitsdienstes der ehemaligen DDR, den Bibliotheken und Archiven des SFB und des Deutschland Radios, der Harvard University Library, der University of Southern California Central Library, der Morris Library Southern Illinois at Carbonale sowie Paul und Hannah Brodersen.

Personenregister

Andersen-Nexö, Martin 80
Aufricht, Ernst Josef 11

Banholzer, Frank 21, 24, 144
Banholzer, Paula 21, 24
Barlach, Ernst 20
Barlog, Boleslaw 201
Bassermann, Albert 32
Becher, Johannes R. 41, 106, 139,
    158
Becker, Anatol 31
Becker, Maria 145
Benjamin, Walter 16, 42, 53, 60,
    70, 76–79, 80, 82, 90, 106, 144
Benn, Gottfried 37
Bentley, Eric 138
Berghaus, Ruth 181
Bergner, Elisabeth 20, 59, 123,
    125, 135, 157, 159
Berlau, Ruth 82, 84–86, 101,
    103–105, 108–110, 117, 123,
    125–127, 142, 146, 154, 156,
    175–178, 201
Besson, Benno 165, 168, 186,
    195, 206
Bienek, Horst 182

Bildt, Paul 155
Bloch, Ernst 16, 191
Bois, Curt 134
Brecht, Berthold Friedrich 15,
    28, 65
Brecht, Stefan Sebastian 20–21,
    25, 61, 64, 70–71, 75, 82, 108,
    123, 125, 127, 129, 138, 143,
    173, 205
Brecht-Schall, Barbara 61, 64–65,
    70–71, 73, 75, 82, 84, 96, 105,
    108, 123–125, 127, 157, 173,
    177, 186, 205, 209
Bronnen, Arnolt 9–10, 14, 60,
    125, 199
Bruckner, Ferdinand 20
Buckwitz, Harry 181
Bunge, Hans 201
Burckhardt, Jacob 125
Busch, Ernst 39–40, 44–45, 47,
    53, 56, 116, 140, 158, 167,
    170–171, 194, 198, 210

Canetti, Elias 49–50
Chaplin, Charlie 50, 116
Curjel, Hans 145

Davis, George 178
Dessau, Paul 155, 157, 170, 175,
 186, 194
Dieckmann, Friedrich 206
Dieterle, William 111–112
Dietrich, Marlene 113
Dimitroff, Georgi 88
Döblin, Alfred 20, 61, 112,
 118
Dudow, Slatan 90–91
Dymschitz, Alexander 147

Edfeldt, Johannes 94
Eisler, Hanns 40–41, 44–47, 52,
 56, 59–60, 75–76, 82, 103, 113,
 115–118, 137, 149, 170, 194
Eisler, Lou 117
Engel, Erich 155, 157, 194, 198
Engels, Friedrich 35, 190

Fadejew, Alexander 105–106
Fernau, Rudolf 44, 168
Feuchtwanger, Lion 13, 20, 26,
 28, 58, 61, 75, 79, 80, 105, 108,
 112–116, 135–136, 140, 142,
 180
Feuchtwanger, Marta 26, 110,
 114, 129, 209
Fischer, Ruth 137
Fleißer, Marieluise 13, 26, 27, 30,
 57, 88, 175, 191
Förster, Elisabeth 201
Forster, Rudolf 134
Frank, Bruno 113, 136
Frank, Leonhard 20, 134
Frisch, Max 147–149

Garbo, Greta 113
Gardner, Eva 116
George, Heinrich 32–33
Geschonneck, Erwin 40, 160,
 163, 175
Giehse, Therese 121, 145,
 159–160, 192
Girnus, Wilhelm 170
Gorki, Marxim 46, 145, 160
Granach, Alexander 16, 44, 110,
 135
Grass, Günter 199
Grosz, George 50, 59, 66, 76
Grotewohl, Otto 202

Harich, Wolfgang 174, 191,
 197–198, 202–203
Hauptmann, Elisabeth 21–22,
 25, 29–32, 40, 52, 60, 75–76,
 103, 167, 175, 186, 194, 201
Hauptmann, Gerhart 12, 151
Hinz, Werner 155
Hiob, Hanne 21, 24, 26, 66, 125,
 145
Hirschfeld, Kurt 145
Hitler, Adolf, 42, 57, 59, 79, 81,
 98, 106, 109, 114, 130–131,
 136–137, 145, 148, 180
Hold, Maria 61–62, 66, 76, 106
Hollaender, Felix 133
Homolka, Oskar 131, 133–134,
 136
Honecker, Erich 152
Hurwicz, Angelika 155

Jacobsohn, Siegfried 20
Janka, Walter 197, 202–203

Jessner, Leopold 32–34, 111
Jhering, Herbert 20, 60, 133,
140

Kafka, Franz 149
Kaiser, Georg 20
Kästner, Erich 102, 145
Kellermann, Bernhard 20
Kerr, Alfred 20, 30, 33, 40, 47
Kilian, Isot 174, 191, 194, 197,
201–203, 206–207
Kisch, Egon Erwin 149
Kläber, Kurt 61, 62
Klabund 30
Klemperer, Otto 134
Kokoschka, Oskar 59
Kolzow, Michail 79, 106
Korsch, Karl 35, 70, 76–77, 124,
148
Kortner, Fritz 16, 33, 50, 58, 103,
111–112, 117–118, 123, 126,
134, 136, 145, 159
Kortner, Marianne 123–124
Kuczynski, Jürgen 162

Lacis, Asja 106
Lang, Fritz 103, 111, 117, 123,
127, 129, 132, 135–136
Langhoff, Wolfgang 139, 158,
160
Laughton, Charles 123, 127, 145
Lazar, Maria 88, 205
Lenin, Wladimir Iljitsch 35, 39,
46, 107, 207
Lenya, Lotte 40, 52, 60, 178, 191
Lingen, Theo 31
London, Jack 50

Lorre, Peter 111–112, 117, 127,
131–133, 159
Lubitsch, Ernst 112
Lutz, Regine 173, 198
Lyon, James 126

Mann, Heinrich 20, 61, 112, 118,
134, 140, 150
Mann, Katia 113
Mann, Klaus 142
Mann, Thomas 61, 112–113, 116,
136, 151
Marcuse, Ludwig 112
Marlowe, Christopher 115
Martin, Karl Heinz 139
Marx, Karl 35, 46, 190
May, Gisela 186
Mayer, Hans 194
Michaelis, Karin 36, 62, 65, 85,
112, 117, 129–131, 205
Mockrauer, Franz 64
Monk, Egon 13, 165
Müller, Heiner 203–204

Neher, Carola 30–31, 52, 60, 79,
106
Neher, Caspar 14, 47, 52, 107,
139, 144, 146
Neher, Erika 144
Neumann, Liesl 129

Osten, Maria 76, 106, 108
Ottwalt, Ernst 64, 78

Palitzsch, Peter 165, 206
Pallenberg, Max 32
Pieck, Wilhelm 158, 171

Piscator, Erwin 68–69, 103, 105, 110, 159
Pohl, Martin 182
Polgar, Alfred 20, 48

Reichel, Käthe 174–176, 181, 186, 201
Reinhardt, Max 32, 111, 116, 168, 183
Remarque, Erich Maria 59, 113
Renn, Ludwig 149
Roosevelt, Franklin D. 136
Roth, Joseph 66–67
Rülicke, Käthe 171–172, 174
Rundt, Artur 14, 130
Ruschin, Günter 90

Schall, Ekkehard 186, 210
Schönberg, Arnold 45, 125
Schumacher, Ernst 157
Schwarzwald, Eugenie 16, 36, 161
Seghers, Anna 61, 91, 120, 151, 158, 203
Shaw, Bernard 121
Sinclair, Upton 50
Sperber, Manès 40
Spira, Steffi 90, 94, 140
Stalin, Josef 67, 79, 98, 114, 124, 137, 152, 192, 196
Steckel, Leonard 145, 159–160
Steffin, Margarete 53–54, 56, 60, 62, 75, 82, 84, 86–87, 96, 97, 101–102, 104–109, 174–175
Steinrück, Albert 14
Stephan, Alexander 142
Sternberg, Fritz 35, 70

Straub, Agnes 32
Strindberg, August 88
Strittmatter, Erwin 171, 178, 194
Suhrkamp, Peter 60, 140, 186, 201

Tenschert, Joachim 156, 206
Teschke, Holger 190
Toller, Ernst 16
Tretjakow, Sergej 78
Trotzki, Leo 124

Ulbricht, Walter 40, 160, 192, 194, 196, 203

Viertel, Berthold 68, 129, 145, 159
Viertel, Hans 123, 124–126, 138, 157, 176
Viertel, Salka 117, 122–123, 126, 129, 134, 157
Völker, Klaus 87

Weill, Kurt 52, 60, 62, 74, 112, 118, 178
Weiss, Peter 100
Wekwerth, Manfred 197, 204, 206–207
Werfel, Alma 113
Werfel, Franz 113
Wuolijoki, Hella 97–98, 100–101, 104, 108

Zoff, Marianne 21, 24–25, 28, 31, 145
Zuckmayer, Carl 20, 35, 41
Zweig, Arnold 151

Bildnachweis

Ullstein Bilderdienst, Berlin: S. 18, 43, 89, 141, 164, 166, 185, 187

Archiv für Kunst und Geschichte, AKG, Berlin: S. 208

Stiftung Archiv der Akademie der Künste, Bertolt-Brecht-Archiv, Berlin:

S. 19*   BBA-FA 17/18.1
S. 23*   BBA-FA 6/73a
S. 51*   BBA-FA 6/88
S. 55*   BBA-FA 7/88
S. 63*   BBA-FA 7/87b
S. 72*   BBA-FA 17/27
S. 83*   BBA-FA 7/104
S. 93   BBA-FA 17/56,   Foto: Breitenbach, Paris
S. 119   BBA-FA 8/19,   Foto: Ruth Berlau
S. 128   BBA-FA 8/146,   Foto: Ruth Berlau
S. 189   BBA-FA 43/118,   Foto: Vera Tenschert
S. 193*   BBA-FA 16/6.1
S. 200   BBA-FA 21/21,   Foto: Vera Tenschert

* = Bei den Fotos, die mit einem Sternchen versehen sind, konnten die Fotografen bzw. Rechteinhaber nicht ermittelt werden. Der Verlag bittet die Inhaber des Copyright um Nachricht.

Wir danken dem Suhrkamp Verlag für die Abdruckgenehmigung des Gedichts «Ach, nur der flüchtige Blick» aus Bertolt Brecht, «Gesammelte Werke». © Suhrkamp Verlag Frankfurt am Main 1967.